船用钢－铝异种金属电弧焊接技术研究

苗玉刚　著

哈尔滨工程大学出版社

Harbin Engineering University Press

内 容 简 介

本书主要内容包括异种金属的焊接特点、钢－铝异种金属焊接国内外研究现状及旁路耦合 MIG 电弧熔钎焊接技术,船用钢－铝异种金属材料及其焊接性,旁路分流 MIG 电弧熔钎焊接工艺研究,旁路等离子 MIG 电弧焊接工艺研究,钢－铝旁路分流 MIG 电弧熔钎焊接头组织与力学性能,旁路等离子 MIG 焊接头组织与力学性能分析,船用钢－铝异种金属接头耐蚀性能,焊接熔滴过渡及热输入研究,钢－铝异种金属焊接在船舶中的应用。

本书可以作为教学和相关工程技术人员的参考书,也可为船舶异种金属焊接加工、特种船舶制造、检验、监造等方面工作人员提供技术指导。

图书在版编目(CIP)数据

船用钢－铝异种金属电弧焊接技术研究/苗玉刚著. —
哈尔滨:哈尔滨工程大学出版社,2023.3
ISBN 978 – 7 – 5661 – 2658 – 0

Ⅰ. ①船…　Ⅱ. ①苗…　Ⅲ. ①造船 – 电弧焊 – 研究
Ⅳ. ①U671.8

中国版本图书馆 CIP 数据核字(2020)第 075073 号

船用钢－铝异种金属电弧焊接技术研究
CHUANYONG GANG – LÜ YIZHONG JINSHU DIANHU HANJIE JISHU YANJIU

选题策划　刘凯元
责任编辑　刘凯元
封面设计　李海波

出版发行　哈尔滨工程大学出版社
社　　址　哈尔滨市南岗区南通大街 145 号
邮政编码　150001
发行电话　0451 – 82519328
传　　真　0451 – 82519699
经　　销　新华书店
印　　刷　哈尔滨市石桥印务有限公司
开　　本　787 mm × 960 mm　1/16
印　　张　9.25
字　　数　184 千字
版　　次　2023 年 3 月第 1 版
印　　次　2023 年 3 月第 1 次印刷
定　　价　45.00 元

http://www.hrbeupress.com
E-mail:heupress@ hrbeu.edu.cn

前　言

在船体结构中最常用的材料是钢,钢具有一系列优良的特性,如力学性、焊接性、热稳定性等。铝及其合金是最常用的有色金属材料,具有许多钢不具备的优异性能,如密度小、比强度高,且具有良好的导电性、导热性和耐蚀性等。为充分发挥两种材料的固有性能和节省材料,达到材料使用性能和经济效益的平衡,将钢与铝及其铝合金焊接成异种金属复合结构是十分必要的。钢－铝复合结构一方面可以实现船舶整体减重的设计要求,从而提高船舶的运载能力,提高船舶的运输效率,满足经济性要求;另一方面采用钢－铝复合结构的上层建筑可以降低船舶重心,提高船舶稳性,满足实用性要求。近年来,在船舶生产中,采用"钢＋铝"双金属焊接结构的产品越来越多。

伴随着钢－铝异种金属复合结构在船舶工业中的应用,行业内对于钢－铝异种金属复合结构的可靠连接进行了更加深入的探索。寻求合适的工艺手段,解决异种金属焊接的物理性能差异、化学性能差异及表面状态等各方面难题,实现钢－铝异种金属复合结构的良好连接,将会推动钢－铝异种金属复合结构在船舶工业中的应用和发展。在传统船舶工业,大面积的铆接不仅增加了船舶建造周期,降低了船舶生产效率,而且铆钉接头缝隙在高腐蚀环境下易发生腐蚀,维修不及时可能会对船舶造成更大损害。目前,船舶上层建筑采用钢－铝复合结构时,多采用钢－铝爆炸焊接的复合接头,利用复合接头的形式,可改善铆接的不足,实现钢－铝异种金属的可靠连接。但是,爆炸焊接的复合接头经济成本高,现有的工艺条件不能完美地解决异种金属经济性及实用性的双重要求,导致了钢－铝异种金属构件的焊接效率低、质量稳定性差等问题。

针对钢－铝异种金属构件的焊接效率低、质量稳定性差等问题,本书利用旁路分流 MIG 焊接技术,成功实现了钢－铝异种金属的焊接,并对其焊接工艺机理进行了分析。在此基础上,本书进一步提出了一种基于脉冲协调控制的旁路等离子 MIG 复合焊接新方法,即等离子分流电弧焊接新工艺。该工艺可以在满足异种金属低焊接热输入要求的前提下,满足其焊接效率,改善焊缝成形;通过对异种金属新工艺方法的研究,扩展高效、低热输入新型弧焊方法的应用范围,形成具有自主知识产权的异种金属构件的先进焊接技术和焊接设备,对我国船舶工业及武器装备制造技术的跨越式发展都具有重要意义。本书提出的钢－铝异种金属焊接方法及设备，突破了钢－铝异种金属焊接工艺、接头界面热量和熔合控制、组织性能调控等关键技术，对提高钢－铝异种金属的焊接效率，改善接头组织性能等具有较大的工程实用价值，对促进船舶工业科技创新，建设先进的船舶工业等具有现实和长远的意义。

本书的研究成果主要是著者在国防基础科研项目 No. KY10100190023 资助下取得的，著者在此深表谢意。另外，感谢吴斌涛、林志成、李小旭为本书提供的技术数据和资料。

受篇幅所限，尚有一些新型钢－铝异种金属焊接技术未列入本书。由于著者水平有限，加之成书时间仓促，书中难免存在错误和不当之处，敬请谅解，并恳请广大读者多提宝贵意见。

著　者

2019 年 12 月

目　　录

第1章 绪 论

1.1 本书目的及意义

随着船舶制造工业技术的变革,高效、环保的发展理念使得船舶行业在造船材料、工艺、设备等方面不断进行着造船技术的更新。复合材料结构在船舶建造中的应用极大地推动了船舶制造业的发展。目前,许多国家在建造大型船舶或者执行一些特殊任务的船舶时,采用钢–铝复合结构的上层建筑,其利用了铝及其合金相对密度小,密度低,比强度高,以及韧性、塑性及耐蚀能力强等良好的性能,与钢结构结合能在减轻船舶自身质量的同时增加船舶自身的运载能力,提高了船舶的贸易量。另外,钢–铝复合结构在船舶建造中的应用可以降低船舶重心,从而提高船舶航行速度,增加船舶的稳定性,提高船舶运输效率,这对于促进各国经济的交流意义深远。

近年来,钢–铝复合结构在船舶制造业中的应用越加广泛,船舶制造中钢–铝结构的连接也一直是人们考虑的焦点。由于钢、铝彼此明显的物理与化学特性差异,及其冶金之间的不相容性,要实现铝及其合金材料与钢材料在舰船结构的应用,前提是要解决钢、铝异种金属材料的焊接性问题。传统的舰船钢–铝复合结构采用铆接的方式,虽然能提高船舶性能,但其建造工艺复杂,号料、配钻、打铆钉等一系列工序大幅度降低了船舶建造的效率,同时,产生的噪声、增加的劳动强度等时刻影响着工人的身心健康。另外,由于铆接接头的非致密性,在船舶使用过程中易受海水浸湿,导致接头极易松动,不但给船舶安全带来了潜在的威胁,而且增加了船舶维修周期、工作量及成本。除此之外,由于受海水高频率的冲刷,铆钉及其接头缝隙间的腐蚀急剧增加,甚至会使腐蚀延展,整个上层结构出现疡烂,同样影响着船舶安全及返修工作的成本。随着焊接技术的发展,在舰船制造中,钢–铝复合结构的连接已从传统的铆接变为焊接,即爆炸焊的应用实现了船舶铝合金上层建筑结构与钢主体的连接。铝合金与钢复合焊接的过渡接头(structure transition joint,简称过渡接头)显著地改善了传统铆接接头的缺点,船舶性能及其工艺也得到了显著优化。目前,船舶建造中铝合金上层建筑与船体钢结构主体连接的两种方式如图1–1所示。通常在焊接时,需要在铝合金与钢主体之间增加一层纯铝或纯钛的薄工艺板构成钢–铝–铝或铝–钛–钢的复合结构接头。采用这种方式得

1

到的过渡接头能加强连接部位的强度,增加结构的耐蚀性。

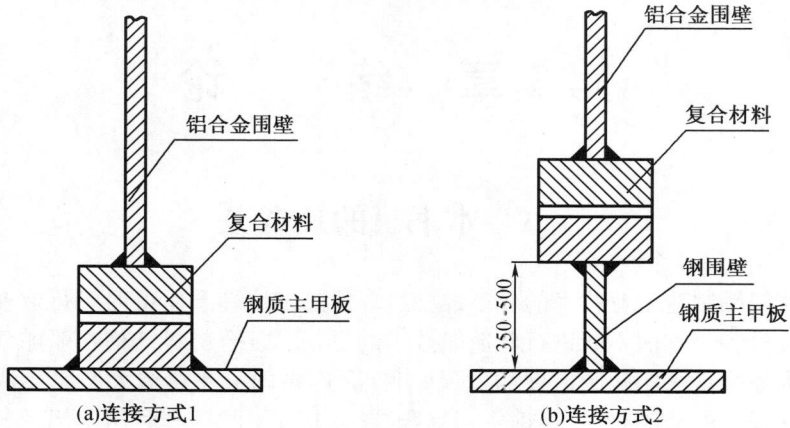

图1-1　铝合金上层建筑与船体钢结构主体连接的两种方式

　　在优化舰船建造自身强度要求的前提下,钢－铝复合焊接过渡接头的应用,为异种金属结构在船舶中的应用提供了宝贵的技术经验。但目前的焊接方式仍难以满足船舶工艺建造的需求,现有的钢－铝复合工艺技术对于不同船体建造的施工仍然具有一定难度。

　　本书提出了一种低热输入、高效的电弧焊,即旁路分流 MIG 电弧熔钎焊,有效地实现了钢－铝复合接头的连接。这种焊接采用 MIG 与 TIG 电弧共同作用形成的耦合双电弧进行焊接,通过对外部参数即焊接电流、电压的实际控制,能精确控制耦合电弧产生的热、电极磁的作用,以此来控制作用于母材的热输入量,保证异种金属界面间金属化合物的形成,从而避免焊接缺陷。此方法最初是由张裕明教授(University of Kentucky)提出的,经过一系列试验发现,MIG 与 TIG 耦合双电弧焊接能量利用率高,且覆盖热输入面较大,电弧能量集中,可提高熔深,进而确保焊接质量。本书经过试验研究,应用此焊接技术对船舶钢－铝复合接头进行焊接,并对所得焊接试样进行一系列工艺试验机理分析。本书所提出的方法在克服异种非互熔金属焊接理论的基础上,解决了制约船用钢－铝过渡接头焊接工艺技术的难点,为熔钎焊在船舶钢－铝等异种金属焊接中的应用打下了一定的基础,具有非常重要的理论意义及工程应用价值。

1.2 异种金属的焊接特点

1.2.1 异种金属的焊接及焊接性

1. 异种金属的焊接

异种金属的焊接主要是指化学成分、纤维组织、物理、化学和机械性能相差较大的两种金属之间的连接。其按金属构件的连接形式可以分成以下四种情况。

(1)两种不同金属之间的焊接,中间不加填充金属,两种金属之间可通过各种方法实现冶金结合,并在中间形成一个过渡层(或称熔合区)。该焊接方法主要有氩弧焊(重焊)、闪光焊、摩擦焊、扩散焊、爆炸焊等。

(2)两种不同金属之间的焊接,中间填充第三种金属,这样在接头中就形成两个熔合区。

(3)两种金属之间的焊接,中间填充与某一侧母材成分相同的金属,在接头中形成一个异类金属熔合区和一个同类金属熔合区。

(4)同种金属之间的焊接,中间填充另一种金属,或在某一种金属上堆焊不同的金属,在接头中形成一个熔合区。

第一种形式主要是熔化焊接或固态焊接,后三种形式主要是熔化焊接。

从接头的形式可以看出,在接头中总存在一个异类金属熔合区,其化学成分、纤维组织及许多性能与母材金属和熔敷金属明显不同。异类金属熔合区实际上是影响整个机械构件使用性能的主要部分。

金属材料在焊接时要经受加热、熔化、化学反应、结晶、冷却、固态相变等一系列复杂的过程,这些过程又都是在温度、化学成分及应力极不平衡的条件下发生的,有时可能在焊接区造成缺陷或者使金属的性能下降而不能满足使用要求,因而金属本身的物理性能、化学性能和力学性能都不足以直接说明它在焊接时可能出现什么问题或焊接后能否满足使用要求。

2. 异种金属的焊接性

金属的焊接性就是金属是否能适应焊接加工而形成完整的、具备一定使用性能的焊接接头的特性。也就是说,金属焊接性的概念有两方面的内容:一是金属在焊接加工中是否容易形成缺陷;二是焊成的接头在一定的使用条件下运行能力的可靠程度。这也说明,焊接性不仅包括结合性能,而且包括结合后的使用性能。

从理论上讲,只要在熔化状态下能够互相形成熔融溶液(简称溶液)或共晶的任意两种金属都可以经过熔化焊接形成接头。同种金属之间当然可以形成优质的焊接接头,而异种金属之间的焊接要比同种金属之间的焊接复杂得多。

（1）如果两种金属之间能够形成固溶体，则其熔化焊接性较好，如碳钢或低合金钢与奥氏体不锈钢或 Ni 基合金之间的焊接等。如果两种金属之间在组织类型、化学成分、机械性能等方面具有较大的差异，则仍会带来焊接残余应力集中、碳扩散等一系列问题。

（2）如果两种金属之间能形成机械混合物或复杂组织，则认为其熔化焊接性尚可。

（3）如果两种金属之间形成金属间化合物，则其熔化焊接性不好，不能直接进行熔化焊接，需要采用固态焊接法等特殊的焊接方法，或中间采用过渡层才能形成性能良好的接头，如铝与钢、铝与钛、钛与钢之间的焊接。

对于大多数异种金属组合来说，异种金属之间焊接的困难主要表现在两种材料之间的熔点、密度、导热性、热膨胀性、晶体学特征、机械性能等相差较大。焊接性与它们在液态和固态时的互溶性及形成金属间化合物（即脆性相）的性能等有密切关系。通常，在液态下不能互熔的金属（即"冶金学上的不相容性"）、熔化时分离的液层，冷却结晶后彼此很容易分离开裂，所以不能采用熔化焊接方法。而互熔性很小或互熔性有限的两种金属焊接时，能否防止裂纹的产生主要取决于结晶条件、相变和受力状态。另外，这类金属焊接时会形成金属间化合物，使过饱和的固溶体的剩余成分析出，从而降低接头的性能。

1.2.2　异种金属焊接存在的主要问题

异种金属焊接虽然能带来便利和经济效益，但是由异种金属的可焊性分析可知，异种金属的化学成分、物理和化学性能明显不同，当将它们焊接在一起时，必定产生一个性能和组织与焊缝金属、母材不同的熔合区，因而大多数异种金属焊接时经常会遇到如下问题。

（1）异种金属的熔点相差越大，越难进行焊接。熔点低的材料达到熔化状态时，熔点高的材料仍呈固体状态，这时已经熔化的材料容易渗入过热区的晶界，会造成低熔点材料的流失、合金元素烧损或蒸发，使焊接接头难以焊合。例如，焊接铁与铅时（熔点相差很大），不仅两种材料在固态时不能相互熔解，而且在液态时彼此也不能相互熔解，液态金属呈层状分布，冷却后各自单独进行结晶。

（2）异种金属的线膨胀系数相差越大，越难进行焊接。线膨胀系数越大的材料，热膨胀率越大，冷却时收缩也越大，熔池结晶时会产生很大的焊接应力。这种焊接应力不易消除，会产生很大的焊接变形。由于焊缝两侧材料承受的应力状态不同，因此容易导致焊缝及热影响区产生裂纹，甚至导致焊缝金属与母材的剥离。

（3）异种金属的热导率和比热容相差越大，越难进行焊接。材料的热导率和比热容会使焊缝金属的结晶条件变坏,晶粒严重粗化,并影响难熔金属的润湿性能。因此,应选用强力热源进行焊接,焊接时热源的位置要偏向导热性能好的母材一侧。

(4)异种金属的电磁性相差越大,越难进行焊接。材料的电磁性相差越大,焊接电弧越不稳定,焊缝越差。

(5)异种金属之间形成的金属间化合物越多,越难进行焊接。金属间化合物具有较大的脆性,容易导致焊缝产生裂纹,甚至断裂。

(6)在异种金属焊接过程中,焊接区金相组织的变化或新生成的组织使焊接接头的性能恶化,接头熔合区和热影响区的力学性能较差,特别是塑韧性的明显下降,给焊接带来很大的困难。接头塑韧性的下降及焊接应力的存在,使异种材料焊接接头容易产生裂纹,尤其是焊接热影响区更容易产生裂纹,甚至发生断裂。

(7)异种金属的氧化性越强,越难进行焊接。例如,用熔焊方法焊接铜和铝时,熔池中极易形成铜和铝的氧化物(CuO、Cu_2O 和 Al_2O_3),冷却结晶时,存在于晶粒边界的氧化物能使晶间结合力降低。CuO 和 Cu_2O 均能与铜形成低熔点的共晶体($Cu + CuO$ 和 $Cu + Cu_2O$),使焊缝产生夹杂和裂纹。铜与铝形成的 $CuAl_2$ 和 Cu_2Al 脆性化合物,能显著降低焊缝金属的强度和塑性。因此,采用熔焊方法焊接铜和铝相当困难。

(8)异种金属焊接时,焊缝和两种母材金属难以达到等强的要求。焊接时,熔点低的金属元素容易烧损和蒸发,从而使焊缝的化学成分发生变化,力学性能降低,尤其是焊接异种有色金属时更为显著。

几十年来,异种金属焊接一方面越来越受到人们的重视,在工程中被广泛应用;另一方面人们也在不断地进行深入研究,探讨异种金属焊接工艺的理论,获得实践方面的新认识,努力减少或消除这种焊接所存在的问题,提高异种金属焊接接头的使用可靠性。

1.3　钢－铝异种金属焊接国内外研究现状

钢和铝之间的焊接一直是焊接领域的热点与难点问题,钢和铝焊接的主要问题是钢和铝之间的固溶度较低、热物理性能差异较大,并且两者极易反应生成脆性的金属间化合物,这种脆性的金属间化合物极大地降低了焊接接头的力学性能。

从现有的文献来看,钢和铝之间的焊接几乎涉及焊接领域的绝大多数方法,目前研究和应用较多的是爆炸焊接、搅拌摩擦焊接和钎焊/熔－钎焊。

1.3.1　爆炸焊接

为解决异种金属复合结构的焊接难题,20 世纪 70 年代,西方发达国家开始利用爆炸焊接来解决舰船用铝合金上层建筑与钢质甲板之间的焊接问题。钢－铝复合接头作为船体结构的一部分,承载着船体上层铝板建筑与船舶主体钢结构的连接。图 1－2 为爆炸焊接获得的钢－铝复合接头。

图 1－2　爆炸焊接获得的钢－铝复合接头

爆炸焊接起源于美国,1944 年由 L. RCarl 教授在试验中提出,1957 年 V. Philipchuk 将其应用于工业生产中,爆炸焊接装配示意图如图 1－3 所示。随着国内外学者在 20 世纪 80 年代对爆炸焊接理论与试验的大量研究和推广,其已被广泛应用于船舶、石油化工、航天、航空等领域。

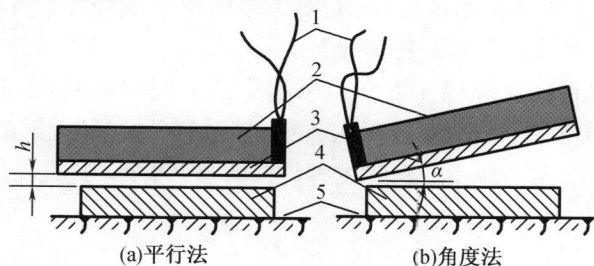

(a)平行法　　　　　(b)角度法

1—雷管;2—炸药;3—覆板;4—基板;5—基础(地面);α—安装角;h—间隙距离。

图 1－3　爆炸焊接装配示意图

在船舶实际生产中,由于实际建造技术的限制,钢－铝过渡接头(又名钢－铝复合板)通常采用爆炸焊接工艺进行实际焊接。在船舶钢－铝复合接头爆炸焊接时,通常在需要焊接的铝合金板材与钢板材之间加一层薄的纯钛或纯铝的工艺板材,因此在船舶建造中使用的钢－铝复合接头为钢－铝－铝或铝－钛－钢过渡接头。钢－铝复合接头在爆炸焊接时可采用三层材料一次性爆炸或者三层材料两次爆炸进行复合焊接。一般来讲,铝－钛－钢复合接头由于钛夹板的面积与质量较大,通常采用两次爆炸复合焊接,第一次采用钢作为基层、钛作为复层进行焊接。焊接完成后,对焊接板材进行表面及校正处理,然后再进行第二次爆炸复合焊接。为了避免焊接时的边界效应,通常复层焊接材料的尺寸要大于母材,通常为 50 ~ 100 mm。复合焊接完成后,其焊接接头需要经过 100% 的超声检查,确定板面结合率达到 100% 后再进行其他焊接。角度法爆炸焊接过程的瞬间形态示意图如图 1－4所示。

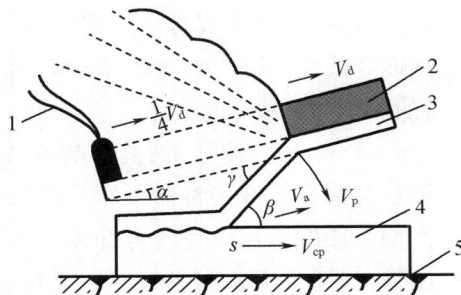

1—雷管;2—炸药;3—覆板;4—基板;5—地面;V_d—炸药的爆轰速度;$1/4V_d$—爆炸产物的速度;

V_p—覆板的下落速度;V_{cp}—碰撞点 s 的移动速度,即焊接速度;V_a—气体的排出速度;

α—安装角;β—碰撞角;γ—弯折角。

图 1－4　角度法爆炸焊接过程的瞬间形态示意图

爆炸焊接在船舶钢－铝复合过渡接头焊接应用中具有以下特点。

(1)由于化学能是爆炸焊接时的主要能源,因此可以通过能源之间的不同形式转换、传递及区域吸收进行板材直接的有效焊接。爆炸焊接所采用的炸药一般为铵油与铵盐等化学类低爆炸速度的混合型炸药,其成本低廉、安全且使用方便,大大节约了船舶建造的成本,能在保证船舶钢－铝复合结构强度的同时,保障建造人员的安全。

(2)从焊接工艺方面来讲,对于船体钢－铝复合结构的焊接,采取爆炸焊接工艺简单、高效,操作方便,避免了空间位置带来的焊接施工限制,同时,投资少,能快速应用,且焊接质量优异。

(3)在船舶建造中,可对大面积的复合板材料、板管等板材进行高效焊接,能提高焊接的生产效率及船舶建造效率。对于焊接物理性能及化学性能相差较明显的金属板材能提供简单有效的焊接,并保证工艺成形。目前,爆炸焊接是船舶钢－铝复合接头结构建造的首选焊接方法。

爆炸焊接获得的钢－铝复合过渡接头在船舶生产建造、焊接施工及船舶使用等方面也存在一系列的问题。

（1）爆炸焊接获得的钢－铝复合接头的界面间的金属化合物通过冶金结合形成界面层，导致界面各层之间的冶金产生有害的金属化合物，进而降低所获得的钢－铝复合接头的材料性能，对焊接结构产生的影响也会影响其安全状态，晶间有害化学物质的形成在爆炸焊接中不可避免。

（2）在爆炸焊接过程中，其瞬间产生的高温度场作用于结合层区域会影响钢－铝过渡接头的力学性能。在船舶结构焊接生产建造中，不可控的温度场会影响界面间化合物的形成，从而降低焊接结构的质量与强度，因此对焊接时界面间温度峰值的控制是非常关键的。

（3）爆炸焊接获得的钢－铝复合过渡接头，其疲劳性能存在一定程度风险。相关试验发现，目前钢－铝复合接头的疲劳寿命可满足一般的小型舰艇的船体疲劳性能设计要求，但对于大型船舶的应用设计规范并无明显的数据支持。结构的疲劳存在一定的连续性，如果在船舶实际应用中结构发生疲劳破损，则其结构会在原有基础上恶化，进而威胁船舶的运行安全。

（4）爆炸焊接所获得的钢－铝复合过渡接头采用铝或钛夹层，增加了船体质量，会改变船舶稳性，因此在船体设计中要考虑此因素，给船体设计带来了复杂性，使船体建造出现一定的误差。

综上所述，现有的爆炸焊接钢－铝复合接头只适用于小型船舶，随着铝及其合金在船舶建造过程中的广泛应用，研发新型的焊接技术是行业发展的必然趋势。

在实际船舶生产制造中，采用钢－铝异种金属的复合接头时，从选材、施工到船舶主体建造，必须考虑焊接热量对复合接头的影响，复合接头的各项性能要满足要求，在大量的焊接线能量作用下，应保证其不会断裂，因此异种材料的选择十分关键。

20 世纪 70 年代，国外舰船铝上层建筑与钢甲板之间首先采用了钢－铝过渡复合接头。例如，美国生产制造的"斯普鲁恩斯级"大型导弹驱逐舰（DD963），其由美国利顿公司英格尔斯船厂在 1980 年完成建造，排水量达到 7 800 t，钢－铝复合过渡接头的板材型号为"铝（5456）－铝（1100）－钢（516）"；英国、法国、澳大利亚、苏联及挪威等国家的部分水面舰艇也相继采用了类似的钢－铝复合型过渡接头。在亚洲国家，日本也采用了铝－钛－钢等复合接头结构，如日本的"初雪号"驱逐舰采用了铝（A3003）－钛（TP28）－钢（SM41）复合过渡接头，该舰于 1980 年在滋贺造船厂下水，船长 180 m，排水量 2 950 t，航速 30 节；日本同样采用钢－铝－铝复合过渡接头建造了大量船舶,如日本渔船"千叶号"于 1982 年建成,长 50.25 m,总吨位 347.8 t,航速 12.8 节,采用铝(5083)-铝(1050)-钢(SM41)复合过渡接头。1971 年,美国对船用铝-钢复合结构过渡接头的力学性能、疲劳性能及腐蚀性能等接头性能进行了测试研究,收集了大量的测试数据,为船舶建造工艺提供了技术指导。相关研究发现,在船用铝-钢复合过渡接头中,采用钛及钛合金作为中间夹层,可令结构承载更大的水平应力,在焊接过程中,界面承载温度升高,可有效保证界面间金属化合物的形成,以此保证界面结构。

在国内,原中国船舶总公司七二五研究所于 1983 年开始对钢-铝复合过渡接头的爆炸复合及其焊接性进行研究,并于 1992 年由李敬勇等人首次将铝-钛-钢复合过渡接头用于建造"海鸥 3 号"豪华双体海峡渡轮上。如图 1-5 所示,该船的铝制上层建筑通过钢-铝复合过渡接头采用焊接的方法与钢甲板连接在一起,该船长 49.5 m,排水量 590 t,同类船共建造了 6 艘,开创了钢-铝复合过渡接头在我国实船建造中应用的先河。该船经过多年航行后,应用过渡接头连接区域无一处开裂,证明其加工工艺适应性及实船使用安全可靠,连接性能满足设计要求。中船桂江造船有限公司、中船西江造船有限公司、中船广州黄埔造船有限公司、上海求新造船厂、哈尔滨北方船舶工业有限公司、武昌船舶重工集团有限公司等,均在船舶建造工艺中相继采用了钢-铝复合过渡接头,建造了多种船形和多种功能的 100 多艘中小型船舶。在我国船舶建造行业中,钢-铝复合过渡接头已经完全取代了铆接工艺。

图 1-6 为国内外典型钢-铝复合过渡接头的材料组合。由图可知,我国与日本在船舶建造钢-铝过渡接头时,一般采用中间材料 2 mm 厚的钛板为夹层,而法国则在生产建造中采用 9.5 mm 厚的纯铝 A1100 板材作为中间夹层。

图 1-5 "海鸥 3 号"铝质上层建筑连接到钢甲板后的整体外形

9

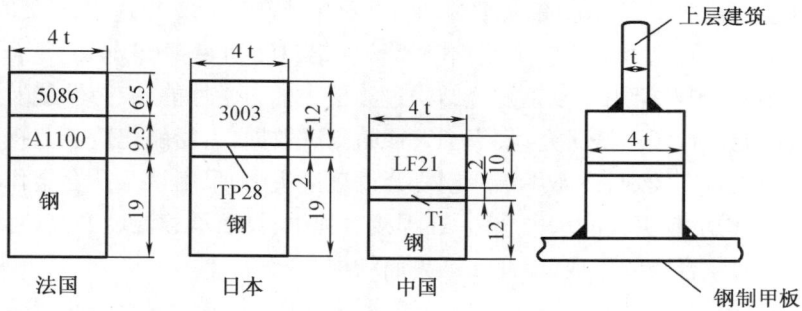

图 1-6　国内外典型钢－铝过渡接头的材料组合(单位:mm)

注:t 为板材单位厚度。

1.3.2　搅拌摩擦焊接

搅拌摩擦焊接(friction stir welding,FSW)是以搅拌头摩擦产热为热源的新型固相焊接方法,具有能量输入低、焊接时间短、工件变形小等优点,是目前钢－铝异种合金焊接领域中的研究热点。图 1-7 为搅拌摩擦焊接的示意图及焊缝上表面形貌。

德国航空中心材料研究院的 Uzun 等人采用搅拌摩擦焊接技术焊接 Al6013-T4 铝合金和 X5CrNi18-10 不锈钢,试验结果表明,采用搅拌摩擦焊接可以成功地连接钢－铝过渡接头。采用该方法焊接铝－不锈钢的接头横截面可以分 7 个区域,如图 1-8 所示。接头中只有铝元素明显地向钢侧扩散,而其他元素诸如铁、铬等并没有明显的扩散,焊核部位的不锈钢粒子和铝之间的扩散也不明显,接头疲劳性能大约比铝母材低 30% 。

(a)示意图

图 1-7　搅拌摩擦焊接的示意图及焊缝上表面形貌

(b)焊缝上表面形貌

图 1 −7(续)

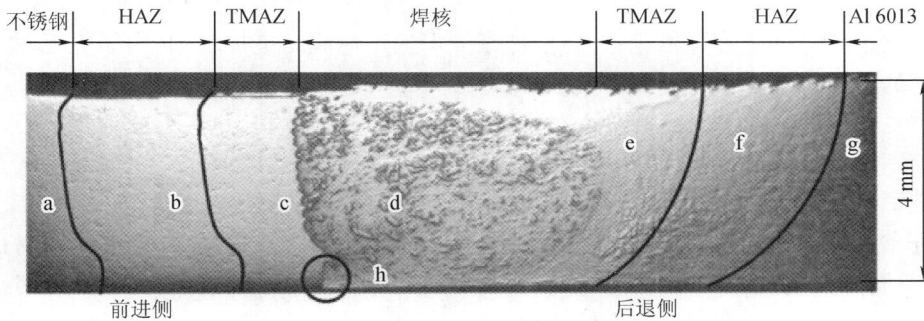

图 1 −8 搅拌摩擦焊焊接铝 −不锈钢的接头横截面

美国的 Chen. C. M 等人进行了 6061 铝合金和 AISI1080 不锈钢异种金属搅拌摩擦焊接研究,发现搅拌针位置决定对应接头界面温度分布。日本大阪大学进行了铝合金和镀锌钢的异种金属搭接搅拌摩擦焊接研究,发现界面层的厚度随着焊接速度的降低而增加,并对接头剪切强度产生重大影响,界面层主要由 Fe_2Al_5 和 Fe_4Al_{13} 构成。

台湾和春技术学院的 Chen 等人开展了 AA6061 铝合金与 SS400 低碳钢搅拌摩擦焊接的研究,提出了搅拌摩擦头的自旋转速度、搅拌摩擦焊接速度、搅拌摩擦头与工作台平面的夹角及搅拌摩擦头的直径大小是影响搅拌摩擦焊接成形质量的最重要的因素,经过优化的工艺参数得到的焊缝的抗拉强度达到 240 MPa。韩国朝鲜大学的 Bang 等人采用 GTAW(gas tungsten arc welding)在前、搅拌摩擦焊接在后的复合焊接方法(HFSW),实现了 Al6061 铝合金与 304SS 不锈钢的异种对接。

铝 - 钢电弧 - 搅拌摩擦复合焊示意图如图 1 - 9 所示。

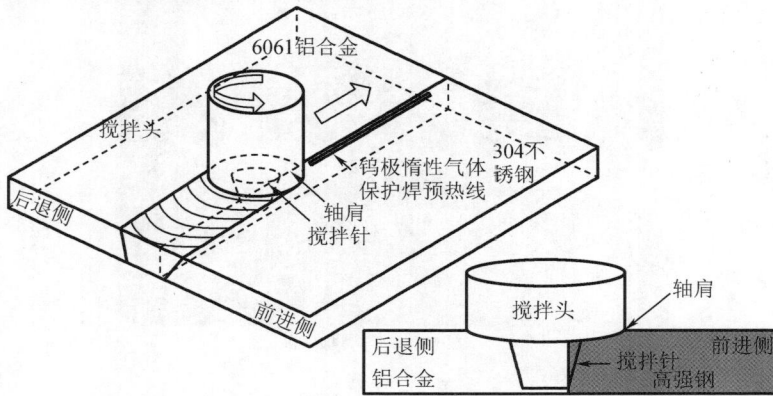

图 1 - 9   铝 - 钢电弧 - 搅拌摩擦复合焊示意图

与单独搅拌摩擦焊相比,复合搅拌摩擦焊的熔池流动更加均匀,由于电弧对不锈钢的预热作用,钢 - 铝间会产生退火效应,得到的焊缝伸长率更大。

兰州理工大学的王希靖等人对 DP600 镀锌双相钢板和 1060 工业纯铝进行了搅拌摩擦焊接搭接实验(铝板在上,钢板在下)。其研究发现钢和铝以河流状的形式交织在一起,在焊核中心及热力影响区钢和铝之间形成具有一定厚度、钢和铝交叠分布且主要成分为 Fe_4Al_{13} 金属间化合物的过渡层。其焊缝强度达到母材的77%,同时发现当搅拌针的下压量较大时形成的焊缝的力学性能更好,因此对过渡层的控制是获得良好焊接接头的关键。

总体来说,以搅拌摩擦焊接为主的固相连接方法在钢 - 铝异种连接领域获得了广泛研究,对于特定接头形式具有一定优势,但是其不适用于三维加工,柔性差,适用范围窄,限制了该方法在实际生产中的应用。

1.3.3   钎焊/熔 - 钎焊

瑞士的 Roulin 等人采用 Al - 12Si 共晶钎料和氟化物钎剂 K3AlF6 - KAlF4 在600 ℃的炉中钎焊铝与不锈钢。其结果表明,界面区存在两个不同反应层 $FeSiAl_5$ 和 $FeAl_3$,并且金属间化合物层的厚度随着保温时间的延长而增加,接头最大剪切度为 21 MPa。相关研究人员认为钎料中的硅元素具有抑制金属间化合物生成的作用。

日本大阪大学 Naka 等人在氩气保护的条件下开展了钢 - 铝异种金属超声波钎焊研究,试验结果显示,超声波能够加速金属间化合物层的形成,这样在低于 Al - Si 钎料熔点温度的条件下,也可以实现钢 - 铝异种金属的连接。

山东大学刘鹏等人采用真空钎焊方法连接 Al1060/18 - 8 不锈钢,钎料选用 Al - Si 合金。其试验结果表明,界面及其附近没有孔洞和裂纹等缺陷,界面主要为 δ(Al, Fe, Si) 和 α - Al(Si) ,没有明显的高硬度脆性相生成。哈尔滨工业大学何鹏等人使用 Si 钎膏采用接触反应钎焊法获得了 18 - 8 钢 - 纯铝接头。接触反应钎焊法容易获得 Fe - Al 金属间化合物层小于 7 μm 的焊接接头,较薄的脆性金属间化合物层有利于减小接头应力。接触反应钎焊接头脆性相厚度与剪切强度的关系如图 1 - 10 所示。

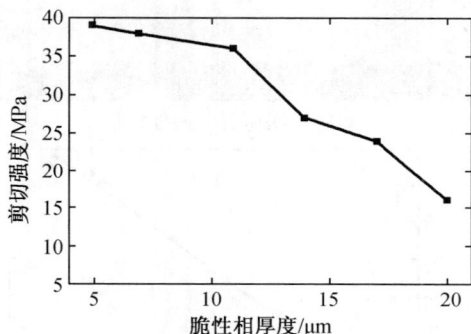

图 1 - 10　接触反应钎焊接头脆性相厚度与剪切强度的关系

法国第戎大学 Alexandre Mathieu 等人采用激光熔 - 钎焊得到了镀锌低碳钢与铝合金的搭接接头,且使用了直径为 1. 6 mm 的锌基焊丝,用 30% Ar + 70% He 混合气体保护。这种方法在不采用焊剂的情况下可获得金属间化合物层厚度小于 15 μm 的接头,是一种环保型焊接方法。激光把钢材加热到熔点以下的温度,通过热传导将热量传递给钢板下面的铝合金并使其熔化。其接头由两部分组成:一是与铝相连的熔焊接头;二是与钢板相连的钎焊接头。钎焊时材料局部熔化限制了金属间化合物的生长,接头区最薄弱环节在低碳钢熔合区。激光钎焊接头强度不仅与金属间化合物有关,还与焊缝形状、润湿角等几何参数有关,如图 1 - 11 所示。

哈尔滨工业大学宋建岭、林三宝、杨春利等人采用 ITG 熔 - 钎焊技术实现 18 - 8 钢与 5A06 铝合金的对接,钢侧开 45°坡口角,铝侧开 30°坡口角,正面、背面成形美观。林尚扬院士等人采用 Al - 5% Si 焊丝,利用 Nd:YAG - MIG 复合热源熔 - 钎焊对镀锌钢与 5A02 铝合金板的搭接做了一系列研究,拉伸试验中接头最大拉伸载荷为 8. 97 kN,最大拉应力为 132. 8 MPa,强度可达铝合金母材的 65. 3% ,与铝合金电弧熔焊接头强度相当;试样的破坏位置发生在铝合金母材焊接热影响区而非钎接界面。

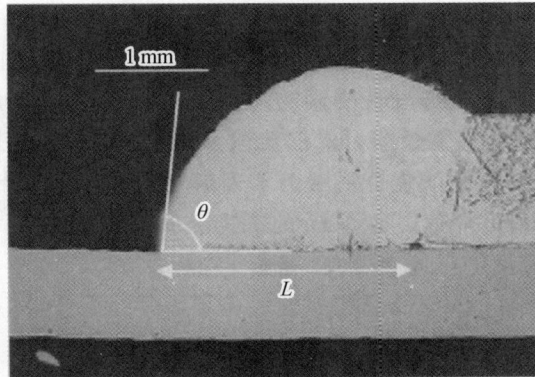

(a)焊缝的宽度L和润湿角θ

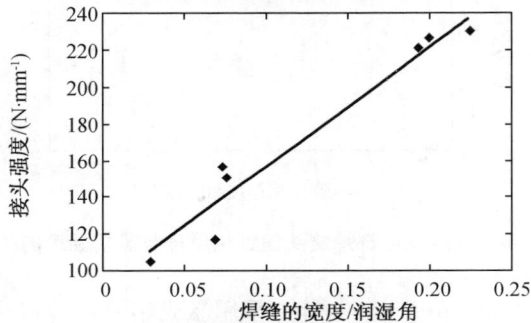

(b)几何参数与接头强度的关系

图 1－11　激光钎焊接头的几何参数与接头强度的关系

哈尔滨工业大学的雷振等人采用激光－MIG 复合焊接实现了 5A02 铝合金与镀锌钢、镀铝钢和 Q235 钢的异种连接接头的焊接,所得到的对接接头的抗拉强度和铝母材熔焊接头接近,搭接接头的抗剪强度高于 90 MPa。

华中科技大学的梅述文等人采用激光－CMT 复合焊接对 2 mm 厚 6061－F 铝合金和 304 不锈钢焊接工艺及接头界面特性进行了研究。结果表明,在工艺参数优化的情况下,激光－CMT 电弧复合焊能够获得成形良好的铝合金－不锈钢异种金属对接接头。

日本大阪大学的山本茂昭对钢和铝的 CMT 焊接进行了研究,试验证实铝合金和镀锌钢的焊接接头具有良好的抗拉强度,耐腐蚀性和疲劳强度均达到较好的效果。

兰州理工大学石玗提出了一种机理上不同于精确控制型电弧焊的新型脉冲旁路耦合电弧 MIG 焊(pulsed DE－GMAW)方法。他采用该方法对铝－镀锌钢板进行了焊接工艺试验,钢－铝焊缝外观形貌如图1－12;对钢－铝搭接接头进行了抗拉剪试验,最高强度达到186.73 MPa。

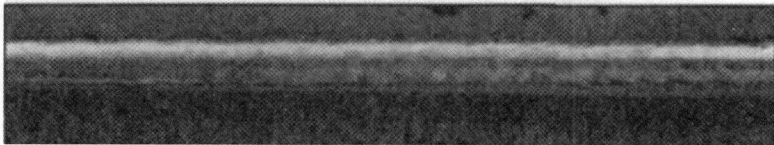

图1－12　钢－铝焊缝外观形貌

1.4　旁路耦合 MIG 电弧熔钎焊接技术

1.4.1　旁路耦合 MIG 电弧熔钎焊原理

旁路耦合 MIG 电弧熔钎焊的主电弧由双电弧组成,即旁路 TIG 电弧与主路 MIG 电弧共同构成焊接电弧,如图 1－13 所示。此耦合电弧的电、磁、热与传统 MIG 电弧不同,在其双电弧共同作用下能精确控制焊接热输入量,能有效保证界面间金属化合物的形成,适用于异种金属的连接。旁路耦合 MIG 电弧熔钎焊原理图如图 1－14,由图可知焊接总电流 I 流经 MIG 焊枪焊丝时被分割为两部分,总电流 I 分割的一部分电流 I_p 经过钨极流回电源主路电流 I,总电流 I 的另外一部分流向母材,再通过母材流回焊接电源。在焊接过程中,利用 IGBT(insulated gate bipolar transistor,绝缘栅双极型晶体管)系统控制调节 TIG 旁路电流 I_p,以调节、分配母材电流 I_m 的比例,使得作用于熔池和熔滴上的热、力处于理想水平。旁路 TIG 电流的存在,能改变作用在熔滴及熔池上的热输入与力场分布,稳定焊接过程,减少焊接飞溅及焊接缺陷的产生,保证焊缝成形。另外,旁路钨极与 MIG 焊丝共同产生的耦合电弧可增加焊丝的熔化速度,提高焊丝的熔化效率,增加焊缝的熔敷率,因此使焊接变得更为高效。基于旁路 TIG 焊枪的分流作用,在总热量不变的情况下流进母材的热输入量减小,通过控制热输入量的分布能有效控制界面成形的稀释率,对于异种金属的连接,尤其是物理性能与化学性能差异较大的两种异种金属连接是一种十分可靠的连接方式。

图 1－13　旁路耦合 MIG 双电弧形态

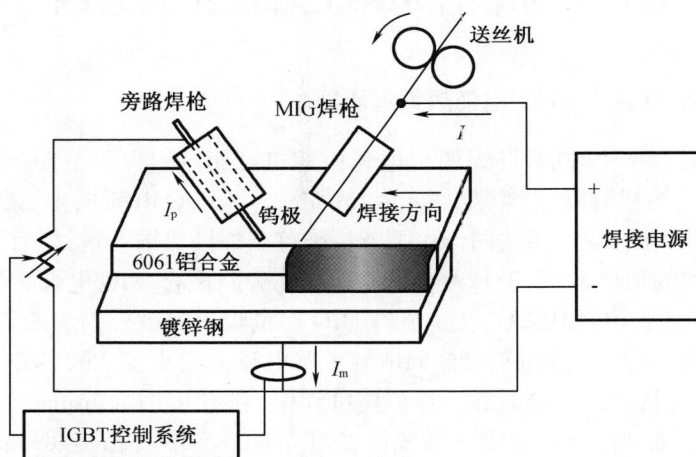

图 1－14　旁路耦合 MIG 电弧熔钎焊原理图

研究表明,试验焊接工艺参数对耦合电弧的形态、熔滴过渡的模式、作用于母材及焊丝的热输入量的分布,以及界面温度的控制等影响巨大,其最终结果影响焊缝成形及焊接接头的力学性能。合理的焊接工艺参数,尤其是对主路、旁路电流的分配量是形成优良焊缝的关键,同时也是提高焊接效率、提高焊接质量、降低焊接缺陷的保障。

1.4.2　旁路耦合 MIG 电弧熔钎焊工艺机理的研究现状

旁路耦合 MIG 电弧熔钎焊方法是由美国肯塔基大学张裕明教授最先提出的。山东大学的武传松教授开展了旁路耦合 MIG 电弧熔钎焊工艺试验和数值分析,研究了该焊接方法的关键工艺理论问题。近年来,兰州理工大学樊丁教授、石玗教授领导的课题组先后研究了单旁路耦合电弧 GMAW、双旁路耦合电弧 GMAW、脉冲旁路耦合电弧 GMAW、双丝旁路耦合电弧 GMAW 等耦合电弧形式,基本完善了旁路耦合 MIG 电弧熔钎焊方法及工艺机理。韩日宏建立了双旁路耦合电弧的数学模型,研究了耦合电弧内部温度场、流场和电磁场之间的耦合机理及分布规律。旁路耦合电弧形态对比如图 1 - 15。结果表明,在焊接总电流相同的前提下,随着旁路电流的增加,耦合电弧下半部分的能量减少,更多的热量消耗在电弧上半部分和旁路电极上,电弧底面上的温度随之降低,证明了旁路分流对减小母材热输入的作用。

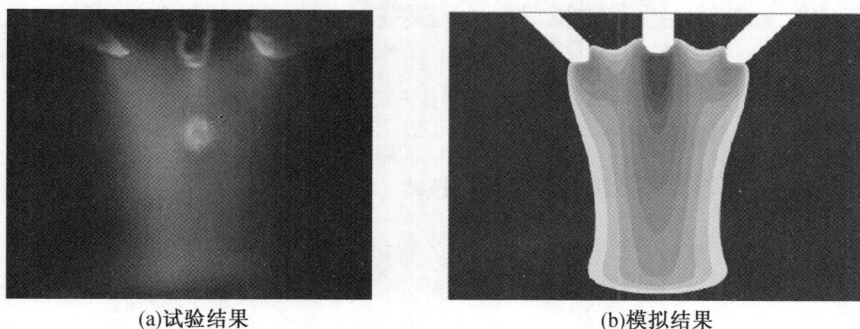

(a)试验结果　　　　　　　　　　　　(b)模拟结果

图 1 - 15　旁路耦合电弧形态对比

哈尔滨工程大学苗玉刚等人提出了一种可控分流 MIG - TIG 双面电弧焊接方法,利用旁路耦合电弧解决了单电源双面电弧焊存在的稳定性差、焊缝成形难以控制等问题,并对耦合电弧的物理特性及熔滴过渡行为进行了研究。结果表明,由于主 - 旁路电极的电流方向不同,在洛仑兹力作用下,耦合电弧的体积明显变大,呈"短裙形",沿弧长方向电弧直径的变化梯度减小,如图 1 - 16 所示。耦合电弧与常规 MIG 电弧相比,电流和电压更稳定、波动更小,耦合电弧具有更低的电弧压力和电流密度,且沿焊接方向能量分布更为均匀,这说明旁路分流双面电弧焊技术可有效减少工件的热输入。耦合电弧是一种能量更均匀的焊接电弧,由此带来了更为优秀的焊接品质。

目前,关于旁路耦合 MIG 电弧熔钎焊技术的研究主要针对 TIG 或 MIG 耦合电弧,该方法虽然解决了电弧焊的焊丝熔化效率与热输入之间的矛盾,但由于耦合电弧体积明显变大,热源加热面积大,热影响区宽,因此并不适用于精密的电弧焊接,且存在明显的焊接方向性等问题。此外,针对旁路耦合 MIG 电弧熔钎焊工艺机理的研究大多停留在数值模拟阶段,尚缺少对耦合电弧物理特征参数的测量与验证,也缺乏严格的理论支撑,实践尝试也有待提高。

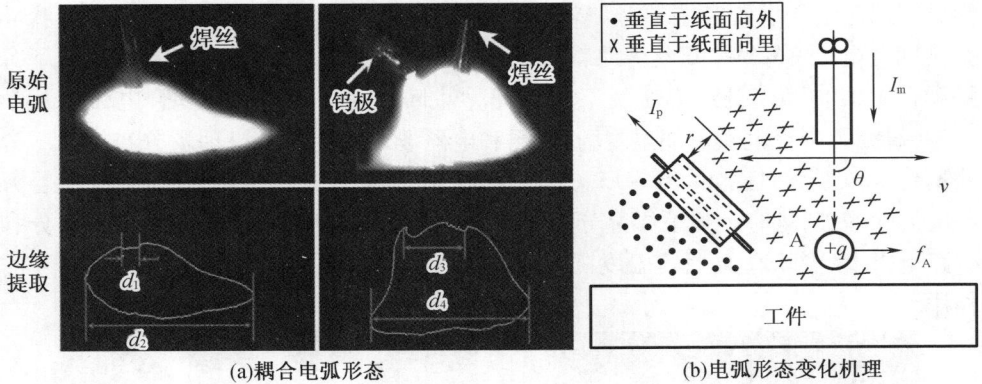

(a)耦合电弧形态　　　　　　　(b)电弧形态变化机理

图1－16　旁路分流耦合电弧形态及变化机理

1.4.3　旁路等离子 MIG 复合焊接技术

总结国内外专家学者对钢－铝异种金属的研究,钢/铝/钛－钢异种金属接头组织性能的调控技术主要分为两种方法:一是通过添加中间层、微合金元素来调控界面反应相;二是利用低热输入高能量的焊接方法来提高反应层厚度、形态的可控性,达到改善界面冶金结合的目的,实现钢/铝/钛－钢异种金属接头组织性能的调控。

本书自主研发的等离子分流复合焊接工艺原理图如图1－17所示,从熔化极电源流出的电流一部分经等离子焊枪流经母材最后到达电源负极,另一部分电流流经等离子焊枪时,通过等离子焊枪内电极流向 IGBT 分流模块,最终到达电源负极。该工艺系统在焊接时,主路先形成熔化极电弧,熔化极电弧向上燃烧的同时,加剧了等离子电极周围的气体电离过程,此时等离子电极与焊丝之间产生了新的小电弧,称为旁路电弧。旁路电弧与熔化极电弧相互作用,形成耦合电弧。该耦合电弧的形成与普通等离子电弧及压缩后的熔化极电弧不同,在耦合电弧的作用下,热输入得到精确控制,焊接时飞溅大幅度减少,焊接缺陷得到有效控制,变形量减少,可以实现普通焊接工艺无法实现的焊接工艺。利用该技术进行异种金属焊接时可有效控制金属间化合物的形成,改善接头质量,为异种金属的焊接难题提供了新的解决方案。该工艺与 Plasma MIG 焊接工艺相比,不仅具有优异的电弧穿透力及大熔深的效果,而且通过旁路电弧的分流作用可改善焊缝成形,减小焊接变形。另外,通过电源负极连接电极的方式,可提高等离子电极的承载能力,使等离子电极的烧损情况得以缓解。该工艺可以实现对异种金属焊接过程中界面金属间化合物的有效控制,对钛－钢/钢/铝异种金属复合接头质量有很大改善。

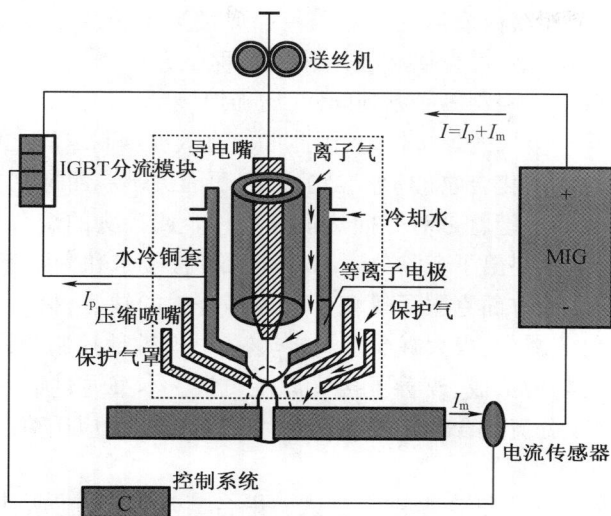

图 1-17　等离子分流复合焊接工艺原理图

利用该工艺进行焊接时,通过主路、旁路协调控制,一方面可改变熔滴过渡方式,使熔滴稳定过渡,得到成形良好的焊缝接头,提高焊后接头质量;另一方面,通过改变旁路电流的大小可以减小施加在母材的电流,减少焊接热输入。等离子分流复合焊接的优势还在于具有等离子焊接时等离子气的压缩作用,压缩作用使等离子电极与旁路电弧形成的耦合电弧挺直度更高,穿透力更强,使耦合电弧更加稳定,利于熔滴稳定过渡;电弧对熔池的搅拌作用可以使气体排出,有利于减少氢致裂纹及其他焊接缺陷的产生。

1.5　本书主要研究工作

随着新型、绿色、环保、高效船舶设计理念的提出,应用钢-铝异种金属结构可降低船舶质量,优化船体结构性能,未来必将在船舶制造业中得到广泛应用。目前,现有的爆炸焊接异种金属复合接头多适用于小型舰船构件,对于大型复杂船体构件缺乏适用性,也存在焊接工序复杂、效率低、成本高、质量稳定性差等问题。因此,优化现有的焊接技术,开发新型焊接方法对于解决钢-铝异种金属难焊性,以及其在船舶生产制造中的限制是亟须解决的问题。

电弧熔钎焊是目前应用最为广泛的焊接方法。本书在传统电弧焊接技术的基础上对其进行改进,利用新型焊接工艺可对界面间热输入进行精确控制,有效控制界面间的稀释率,从而获得成形良好的钢－铝焊接接头。另外,较爆炸焊接而言,此种技术成本低、效率高,可直接在船舶建造过程中进行全位置焊接,能有效解决原有焊接所带来的空间限制等一系列问题,增加焊接实用性能。

由于钢－铝异种金属的焊接性差,因此如何有效地抑制二者之间的界面反应,尽可能抑制脆性金属间化合物的形成是解决问题的关键。而抑制界面反应、控制金属间化合物形成的关键就是对界面热量和异种金属接头的熔合控制,即控制焊接热输入。为此,本书提出了旁路分流 MIG 电弧焊接技术和旁路等离子 MIG 复合焊接技术两种工艺,一方面克服了等离子电极易烧损的缺点;另一方面,分流的效果使流经母材的电流减少,极大减少了焊接热输入,有效地控制了钢－铝异种金属焊接时金属间化合物的形成,改善了接头焊接质量。本书通过钢－铝的焊接工艺试验,揭示了等离子分流复合焊接机制,为该工艺的推广及应用奠定了基础。

本书的研究内容如下:

(1)建立等离子分流复合焊接工艺试验平台,包括该工艺所使用的焊枪及电源连接,以及焊接工作台的搭建等。

(2)通过建立等离子分流复合焊接工艺的电参数采集系统和熔滴过渡高速摄影系统来获得复合电弧焊接过程中熔滴过渡形式与电参数之间的关系,研究等离子分流复合电弧焊接过程中的电弧特性、熔滴过渡方式及热输入机制。

(3)以铝合金、镀锌钢为试验材料,进行异种金属焊接工艺试验,研究工艺参数(主路电流、分流电流、脉冲电流模式、电弧电压、焊接速度、离子气流量、保护气流量等)对焊缝成形和接头性能的影响规律,确定合理焊接工艺参数范围。

(4)进行接头组织和力学性能测试。利用金相显微镜、扫描电镜等研究焊接工艺参数对接头微观组织的影响规律,利用万能试验机、显微硬度计等对接头的抗拉强度、硬度等进行测试,研究焊接工艺参数对焊缝组织性能的影响及作用规律,进而获得焊接工艺参数的优化范围,满足舰船上层建筑的焊接质量要求。

(5)对钢－铝异种金属焊接接头进行耐腐蚀试验,对接头进行腐蚀电位与电流的测定,分析接头的耐蚀性能,研究接头在海水中的腐蚀情况。

(6)研究钢－铝异种金属在船舶领域的应用,分析钢－铝异种金属在船舶领域的应用现状及前景,探索旁路等离子复合焊接工艺的应用范围。

第2章　船用钢－铝异种金属材料
及其焊接性

目前,船体钢－铝异种金属结构的应用范围日趋广泛,探索新型的焊接方法、提升接头结构的可靠性及增加船舶的经济性已成为行业亟待解决的问题。本书采用与传统单一热源焊接方式不同的耦合电弧焊接方法,充分发挥其对热量控制的精确性,以及在舰船用钢－铝复合接头焊接中的优势,为此接头在运输中的安全性及建造工艺中的适用性提供有效依据。本章具体介绍了船用钢－铝异种金属的材料选择及焊接性,并根据等离子分流复合焊原理搭建试验平台,进行焊接工艺参数的优化。

2.1　船用钢－铝异种金属材料的选择

2.1.1　船用钢－铝异种金属材料的选择原则

钢－铝复合接头作为船体结构的一部分,承载着船体上层铝板建筑与船舶主体钢结构的连接。在实际船舶生产制造中,若采用钢－铝异种金属的复合接头,则从选材、施工到船舶主体建造,必须考虑焊接热量对复合接头的影响,各项性能要满足要求,在大量的焊接线能量作用下,保证其不能断裂。因此,船用钢－铝异种材料的选择十分关键。

目前,在船体实际建造过程中,船用钢－铝复合结构过渡接头复合层只能采用Al－Mn系或者Al－Mg系两种合金,其与船舶上层建筑所采用的Al－Mg系的建筑材料有良好的焊接性能。Al－Mg及Al－Mn系合金的优良焊接性主要表现在以下几个方面。

1. 抗裂性强

母材中含有一定量的Mg及Mn元素(含量为4%～7%),增强了焊缝的抗裂性,使得在船舶建造过程中,接头不易产生裂纹,从而保障了结构的强度。

2. 焊接工艺性强

在焊接前对焊接材料按一定规范进行处理,全位置焊接时,较其他系铝合金而言,Al－Mg与Al－Mn系合金的液态流动性好,能与母材有效地熔融凝固,焊缝成形均匀，表面光滑，质量可满足标注。

3. 能获得规范标准的力学性能接头

采用 Al－Mg 或 Al－Mn 系合金，其获得的接头强度可与母材相匹配，能保证接头断裂不发生在焊缝处，增强了船体焊接结构的整体性。

另外，Al－Mg 或 Al－Mn 材料还具有氧化能力强、热导系数大、高温塑性差、线膨胀系数大、液态铝中氢溶解渡高等焊接性能。

对于铝－钢复合过渡接头中的钢体，在材料选择时必须依据压板材料型号进行匹配。

2.1.2　船用 5083 铝合金

在铝合金船舶建造过程中，常选用 5 系和 6 系铝合金作为铝合金船舶主体材料，这两系铝合金的断裂方式均为晶间断裂，因此可以采用工艺方法进行修补，是建造铝合金船舶的理想材料。铝合金船舶主体材料的选用见表 2－1。

表 2－1　铝合金船舶主体材料的选用

船舶结构	船侧	船底外板	龙骨	肋骨	甲板	肋板
铝合金型号	5083	5086	5456	5052	6061	5083

本书选用的铝合金为船用 5083 和船用 6061 两种典型的船用铝合金。其中，船用 5083 铝合金是铝制船舶建造中应用最广泛的材料，具有十分优良的性能。船用 5083 铝合金属于典型的焊接用铝合金，在非热处理铝合金中强度最高，焊接性、耐腐蚀性和低温性能好。在船舶建造中，船用 5083 铝合金常加工成板材、型材、管材、棒、锻材等产品，可用于船侧、船底外板、龙骨、肋板、隔板、发动机台座、甲板等船体结构中。表 2－2 为船用 5083 铝合金的化学成分。船用 5083 铝合金中的主要合金元素为镁，镁的加入使得船用 5083 铝合金与纯铝的物理特性有一定的区别，其具体区别见表 2－3。

表 2－2　船用 5083 铝合金的化学成分　　　　　　　　　　　　单位：wt%

型号	Si	Fe	Cu	Mn	Mg	Cr	Zn	Ti	Al
5083	0.40	0.40	0.10	0.40～1.00	4.00～4.90	0.05～0.25	0.25	0.15	余量

表 2 – 3　船用 5083 铝合金与纯铝的物理特性对比

物理参数	船用 5083 铝合金	纯铝
密度/(g · cm^{-3})	2.72	2.70
熔点/℃	570 ~ 640	660
比热容/[J · (kg · K)$^{-1}$]	896	890
热容量/[J · (m^3 · K)$^{-1}$]	947	2 430
热膨胀系数/K^{-1}	2.34 × 10^{-7}	2.39 × 10^{-7}
热传导率/[W · (m · K)$^{-1}$]	156	238
电阻率/(Ω · m)	0.059 × 10^{-8}	2.67 × 10^{-8}
杨氏模量/10^{11} Pa	0.33	0.757
晶格类型	hpc	cfc
熔化潜热/(J · g^{-1})	323	396

　　船用 5083 铝合金板具有良好的成形加工性、抗蚀性、焊接性,强度中等,阳极化处理后表面美观。船用 5083 铝合金板是 5 系铝镁合金的新型产品之一,其具有较高的强度,抗腐蚀性能好,加之铝材的密度低、焊接性好等特点,使其非常容易加工成形,因此目前船用 5083 铝合金是代替钢材船板的主要产品。铝材船板较钢材船板来说,具有质量轻、耐腐蚀、使用寿命长等特点,因此被世界船板制造企业视为重点推广的新型产品。造船业的发展也带动船用 5083 铝板产研水平不断提升。

2.1.3　船用 6061 铝合金

　　船用 6061 铝合金是可热处理强化铝合金,具有良好的可成形性、可焊接性、可机加工性,同时具有中等强度,在退火后仍能维持较好的操作性。船用 6061 铝合金化学成分见表 2 – 4,其物理性能见表 2 – 5。

表 2 – 4　船用 6061 铝合金化学成分　　　　　　　　单位:wt%

型号	Cu	Mn	Mg	Zn	Cr	Ti	Si	Fe
6061	0.15 ~ 0.4	0.15	0.8 ~ 1.2	0.25	0.04 ~ 0.35	0.15	0.4 ~ 0.8	0.7

表 2－5　船用 6061 铝合金物理性能

拉伸强度/MPa	屈服强度/MPa	伸长率/%	弹性模量/GPa	密度/(g/cm³)	泊松比
124	55.2	25	68.9	2.70	0.33

船用 6061 铝合金属于 Al－Mg－Si 系合金,主要合金元素是镁与硅,并形成 Mg_2Si 相,Mg_2Si 固溶于铝中,可以使合金得到硬化;含有一定量的锰与铬,可以中和铁的坏作用;少量的铜或锌可以提高合金的强度,又不使其抗蚀性有明显降低;作为导电材料时,含有的少量的铜可以抵消钛及铁对导电性的不良影响;少量的锆或钛能细化晶粒与控制再结晶组织;也可加入铅与铋改善材料的可切削性能。船用 6061 铝合金具有强度较高、加工性能好、抗腐蚀性强、韧性高及加工后不易变形、上色容易、氧化效果好等优点,且无应力腐蚀开裂倾向,焊接性能优良,冷加工性好,是一种使用范围广、很有前途的合金。

2.1.4　镀锌钢板及 Q235 钢

1. 镀锌钢板

在钢与铝及铝合金组合的焊接问题分析中,铝及铝合金多以工业纯铝和变形铝合金中的防锈铝为对象;钢则以低碳钢、低合金钢及奥氏体不锈钢为对象。本书选择以低碳钢镀锌钢板为对象分析焊接问题。

镀锌钢板是带有镀锌层的低碳钢板,镀锌层厚度有两种:薄板镀锌层小于或等于 5 μm;厚板镀锌层为 15～25 μm。镀锌层的用途是防大气、水汽及其他有害介质等对钢的锈蚀。

对于造船用钢板,不但要求其具有足够的强度和韧性(包括在一定的低温下具有较好的韧性值),还要在船厂进行加工时具有良好的工艺性能、焊接性能和一定的耐腐蚀性能,这些性能的获得不仅取决于材料的化学成分,更重要的是取决于钢厂从冶炼到轧制全过程中所采取的一系列工艺措施。一般强度船体结构钢板的化学成分、力学性能与 Q235 钢板相近,但质量控制更为严格。

为研究舰船用钢－铝复合接头性能及其焊接机理,本书选用广泛使用的 Q235 镀锌钢板(Q235 钢)作为钢母材的试验材料,镀锌钢为双面热浸镀锌(锌层厚度约为 100 g/m²)。

2. Q235 钢

Q235 钢具有良好的力学性能,焊接性能好,因此是较为普遍使用的金属材料。其主要用途如下:

(1)大量应用于船舶、建筑及工程结构,用于船舶制造及制作钢筋、厂房房架、高压输电铁塔、桥梁、车辆、锅炉、容器等,也用于制作对性能要求不太高的机械零件。此外,Q235 的 C、D 级钢还可做某些专业用钢。

(2)可用于制作各种磨具把手及其他不重要的磨具零件。

(3)用 Q235 钢作为冲头材料,经过淬火之后不用回火就可直接使用,硬度为 36 ~ 40 HRC,解决了冲头在使用中的碎裂现象。

表 2 - 6 为 Q235 钢的热物参数,表 2 - 7 为 Q235 钢的化学成分,表 2 - 8 为 Q235 钢的力学性能。

表 2 - 6　Q235 钢的热物参数

比热容 /$[J \cdot (kg \cdot K)^{-1}]$	密度 /$(g \cdot cm^{-3})$	电阻率 /$(\Omega \cdot m)$	热传导率 /$[W \cdot (m \cdot K)^{-1}]$	熔点 /℃	热容量 /$[J \cdot (m^3 \cdot K)^{-1}]$	热膨胀系数 /K^{-1}
460	7.87×10^{-8}	9.7	77	1 539	2 430	11.9×10^{-6}

表 2 - 7　Q235 钢的化学成分　　　　　　单位:wt%

组成元素	Mn	Si	Cr	C	S
比例	0.48	0.22	0.18	0.12 ~ 0.2	0.045

表 2 - 8　Q235 钢的力学性能

抗剪强度 /MPa	延伸率/% 50 mm	屈服强度 MPa	抗拉服度 $\sigma_{p0.2}$/MPa
300 ~ 368	26	235	375 ~ 460

2.1.5　填充材料的选择

Q235 低碳钢与工业纯铝组合时,采用纯铝焊丝,焊丝等级可与工业纯铝相同或高一个等级,焊丝直径为 2 ~ 3 mm。当 Q235 碳钢与防锈铝 5A03、5A05、5A06 组合时,可采用工业纯铝焊丝(如 SAl - 3),不允许采用铝镁焊丝(SAlMg - 1 ~ SAlMg - 5),因为 Mg 不溶于 Fe,而且 Mg 还会强烈地促进 Fe 与 Al 金属间化合物的增长,使焊接接头强度降低。采用含少量 Si 的纯铝焊丝,可以较平稳地形成优质焊接接头,其抗拉强度和抗疲劳强度都可以达到与母材相当的水平。其密封性和在海水中或空气中的耐蚀性也比较好。含少量 Si 的填充金属是 Ni - Zn - Si 系的铝合金,Ni 与 Zn 对于钢和铝及铝合金都有极好的互溶性,Si 是熔融铝焊缝极好的镇静剂元素,这种填充金属的基体仍然是 Al。该合金的熔点约 660 ℃，与 Q235 低碳钢的熔点仍然相差 800～1 000 ℃。所以，Q235 低碳钢仍然需要镀上较厚的镀层(40～100 μm)才能有较好的焊接效果。也可以在 Q235 低碳钢表面渗铝，渗铝的 Q235 低碳钢与防锈铝 5A06 熔焊时，相当于同类异种金属的熔焊，具有良好的焊接性。

本书选用直径为 1.2 mm 的 4043 铝硅焊丝为试验填充钎料。一定含量的 Si 可在焊接过程中改善焊缝填充钎料的电化学性能，可有效阻止界面与晶界之间的腐蚀，同时少量的 Si 还具有减慢界面金属间化合物生长的功能，保证焊缝组织的成形。但 Si 元素含量不宜过多，过多的 Si 元素含量会提高接头组织的硬度，增加接头的脆性，使得接头力学性能降低，因此本书选用 4043 铝硅填充钎料作为焊丝，其化学成分见表 2－9。

表 2－9　4043 铝硅焊丝的化学成分　　　　　　　　　　单位:wt%

填充材料	Si	Fe	Cu	Mn	Mg	Zn	Al
4043 铝硅焊丝	4.6～6.1	0.7	0.3	0.05	0.05	0.1	余量

2.2　钢－铝异种金属的焊接性

2.2.1　焊接特点

异种金属的焊接性首先取决于它们的物理性质和电化学性质。要获得力学性能优良的异种金属焊接接头的理想条件是:它们有完全的互溶性，能够形成间隙式连续系列的固溶体。当不具备这些条件或物理化学性能相差很大时，会产生脆性的金属间化合物或共晶体，难以获得力学性能优良的焊接接头。如果脆性成分以极细夹杂物形式弥散分布在合金晶粒之间，则可能完全无害;如果金属间化合物在晶界之间呈带状或针状，或者两种金属之间出现中间过渡层，就有造成金属脆性断裂的危险。

图 2－1 为 Al－Fe 二元合金相图，可以看出铁与铝既可形成固溶体、金属间化合物，又可形成共晶体。铁在固态铝中的溶解度极小，在共晶温度 655 ℃时，铁在铝中的溶解度为 0.53 wt%，在 225～500 ℃时，Fe 在 Al 中的固溶界限量为 0.01 wt%～0.022 wt%，在室温下，Fe 几乎不溶于 Al，所以即使含微量铁的铝合金在冷却过程中也会产生金属间化合物 $FeAl_3$，而且随着含铁量的增加会相继生成 Fe_2Al_5、$FeAl_2$、$FeAl$ 和 Fe_3Al 等脆性金属间化合物，这些金属间化合物会严重降低

接头力学性能。

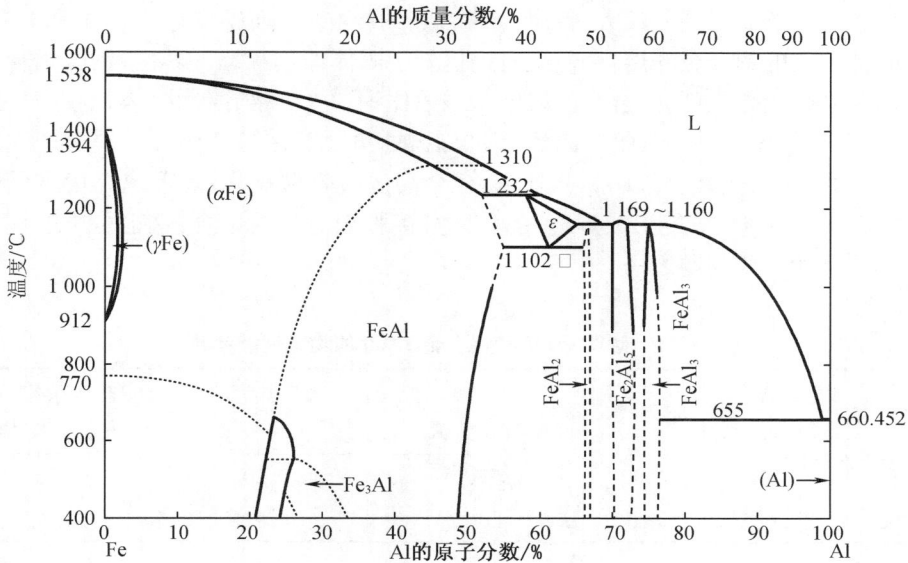

图 2－1 Fe－Al 二元合金相图

由于铝合金中的铁总是以金属间化物的形式存在,所以会影响铝合金的力学性能和焊接性能。铝中加入铁可以提高强度和硬度,降低塑性,增大脆性,对焊接性影响严重。

表 2－10 为常温下 Al 和 Fe 的一些基本化学性能。从中可以看出,Al 和 Fe 在晶格类型、晶格参数、原子半径、原子外层电子结构等方面差异较大,具有"冶金学上的不相容性"。

表 2－10 常温下 Al 和 Fe 的基本化学性能

元素符号	原子序数	相对原子质量	晶格参数 Å	原子半径 /mm	原子外层电子结构	晶格类型	原子电负性
Al	13	26.98	$a = b = c$	0.143	$3s23p1$	FCC	1.5
Fe	26	55.85	$A = b = 2.427, c = 2.666$	0.127	$3d64s2$	BCC	1.8

2.2.2 熔焊焊接性

表 2－11 给出了船舶常用碳钢 Q235 和铝合金 5A06 的物理性能参数,可以看

出,钢与铝合金的物理性能相差较大,这给两者的焊接造成了困难。首先,钢与铝合金二者之间的熔点差异较大,铝合金的熔点约 600 ℃,而钢的熔点约 1 500 ℃。焊接时低熔点的铝合金先熔化,而此时钢仍处于固体加热状态。其次,钢与铝合金的线膨胀系数相差悬殊,铝合金的线膨胀系数比钢约大 1 倍,凝固时体积收缩率达 6.5% ~6.6%,比钢约大 2 倍。因此,钢与铝焊接时,钢－铝合金接头处会产生很大的热应力,增大热裂纹倾向。此外,铝合金高温时容易氧化,能形成高熔点的氧化膜(Al_2O_3),Al_2O_3 既能形成焊缝夹渣,又直接影响焊缝的熔合,这也是影响钢与铝合金焊接的主要问题之一。

表 2－11　碳钢 Q235 和铝合金 5A06 的物理性能参数

材料	密度 /[(g·cm^{-3})]	熔点/℃	热导率/ [(W·(m^{-1}·K)$^{-1}$)]	比热容/ [J·(g^{-1}·K)$^{-1}$]	热胀系数/ (10^{-6}·K^{-1})
Q235	7.86	1500	77.5	0.502	11.76
5A06	2.68	600	117.2	0.912	24.7

钢与铝及其铝合金熔焊时,一般采用氩弧焊、电子束及激光－电弧复合焊等焊接方法。要想获得性能较好的接头,必须保证在接头上不产生金属间化合物。熔焊时,必须在钢表面镀一层过渡金属,此金属要与铝有很好的结合性,才能形成良好的焊接接头。

钢与铝及铝合金组合不必考虑二者的力学性能差异,因为铝及铝合金无论热处理还是冷作强化,熔焊过程中热影响区都会"软化",供应状态的力学性能已被大幅度破坏。钢与铝及铝合金的熔焊焊接性如下:

(1)由 Fe－Al 二元合金相图(图 2－1)可以看出,Fe 和 Al 既能够形成有限固溶体,也能够形成多种金属间的脆性化合物。

(2)从钢与铝及铝合金的物理性能差异上看,二者的物理性能差异很大,会给熔焊焊接过程带来极大的难度。

(3)从堆焊过渡层金属角度考虑,目前还找不到一种既能与钢一侧形成连续固溶体又能和铝一侧形成连续固溶体的合适金属。从常见金属化学性能及常见金属元素相互作用的特性可知,Zn、Ag 可以作为中间过渡层(也称隔离层,因为 Ag、Zn 与 Fe 或 Al 不能生成中间化合物),Cu 和 Ni 在一定条件下也可作为过渡层。

(4)焊缝填充金属的选择。由于可以作为中间过渡金属的 Ag、Zn、Cu、Ni 与 Fe 相比都是低熔点的金属,因此填充金属的熔点与铝及铝合金相同或相近为宜。

(5)焊接方法的选择。TIG 焊、电子束焊、激光－电弧复合焊都是常用的焊接方法,都有良好的焊接工艺性。

为解决钢与铝及铝合金熔焊时的焊接困难,常采用的工艺措施有以下几种。

(1)在钢表面镀上与铝相匹配的第三种金属(如 Zn、Ag 等,厚度为 30 ~ 40 μm)作为过渡层。

(2)对接焊时,使用 K 形坡口,坡口开在钢一侧,焊接热源在铝一侧,以使两侧受热均匀,防止镀层金属蒸发。

(3)使用高能量密度热源进行焊接,如氩弧焊、电子束焊或激光 – 电弧复合焊等。

2.2.3　压焊焊接性

钢与铝采用旋转摩擦焊、搅拌摩擦焊、超声波焊、扩散焊和冷压焊等压焊方法进行焊接,也可以得到良好的接头。但是,这些方法的焊件形状、工件尺寸都受到一定的限制。如果接头形式符合压焊方法的要求,那么钢与铝的组合只要工艺调整得合适,与熔焊相比都具有良好的压焊焊接性,因为压焊温度基本低于材料的熔点,所以不会出现金属间化合物。旋转摩擦焊要求接头为对接圆截面,搅拌摩擦焊要求平板对接长焊缝,扩散焊虽然需要中间过渡层,但会有良好的焊接性。

2.3　焊接方法的选择及原理

2.3.1　旁路分流 MIG 电弧熔钎焊焊接方法

本节采用由课题组自主研发的旁路分流 MIG 电弧熔钎焊焊接试验系统进行试验,其原理图如图 2 – 2 所示。焊接时,由焊接电源流出的主路电流通过 MIG 焊枪后分为两部分,其中一部分电流 I_p 经过 IGBT 旁路分流模块系统,然后流经检测系统返回主路;另一部分电流 I_m 流经工件后流回 MIG 焊接电源。试验采用高速摄像系统对焊接过程中电弧的变化及溶滴过渡过程进行拍摄,通过自主设计的检测箱对主路、旁路的焊接电流及电压进行采集跟踪,合理反馈和调节焊接工艺参数,从而获得稳定的焊接过程与高质量的焊接接头。

在施焊过程中,先将两铝合金母材与钢母材固定在焊接工作台上,防止移动,待焊接接头采用搭接方式,铝合金母材置于钢母材上方,如图 2 – 3 示。首先调整焊枪位置,设定事先设计的工艺参数,开启焊接电源进行焊接;然后通过检测反馈,调整焊接的稳定性,待焊接结束,取出焊接试件。按设计的工艺参数进行重复性试验,获得焊接试件后对焊接接头进行组织性能、力学性能及腐蚀性能评价分析。

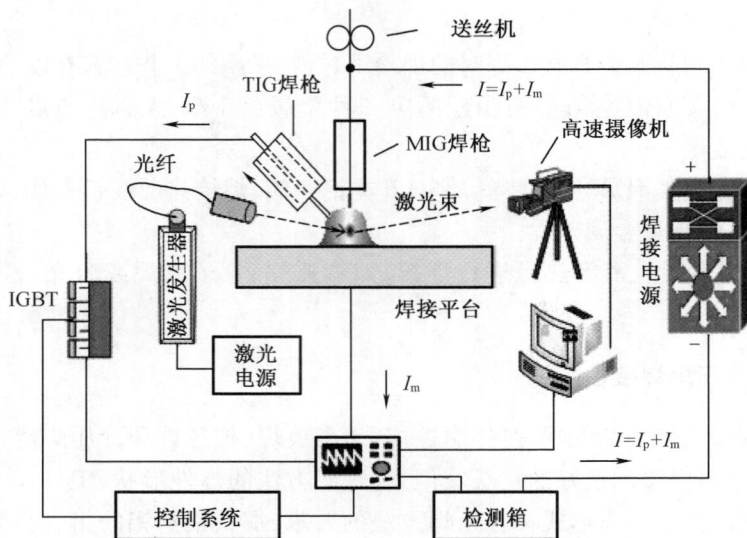

图 2-2　旁路分流 MIG 电弧熔钎焊原理图

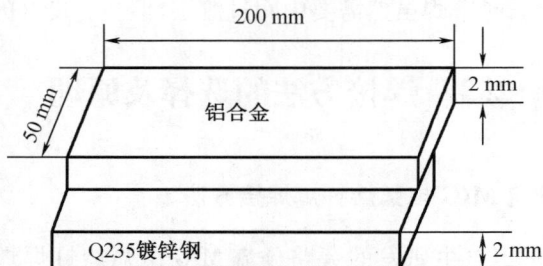

图 2-3　母材焊接方式

　　目前,关于旁路分流电弧焊接技术的研究,主要针对 TIG 或 MIG 耦合电弧,该方法虽然解决了电弧焊的焊丝熔化效率与热输入之间的矛盾,但由于耦合电弧体积明显增大,热源加热面积大,热影响区宽,因此并不适用于精密的电弧焊接,且存在明显的焊接方向性等问题。

　　不同工艺参数对试验焊缝成形接头及接头质量影响较大,因此试验首先经过一系列优化工艺试验,找出获得最好工艺效果(焊缝及接头质量)的最佳工艺参数;然后采取不同参数环境下的对比试验,探究不同环境参数对焊缝成形的影响,从而为船舶实际建造工艺规范提供一定的依据性。

　　在自主设计的旁路分流 MIG 电弧熔钎焊试验中,主要考虑影响焊缝成形及焊接质量的参数为:焊接主路电流 I,焊接电压 U,旁路 TIG 电流 I_p,焊接速度 V,钨极与焊丝轴线平面偏移量 l,钨极距母材高度 h_1,MIG 焊枪嘴距母材高度 h_2,钨极与焊丝间距 d,钨极与焊丝夹角 θ,MIG 焊枪保护气体流量 q_1,TIG 焊枪保护气体流量 q_2。图 2－4 为焊接工艺参数示意图。

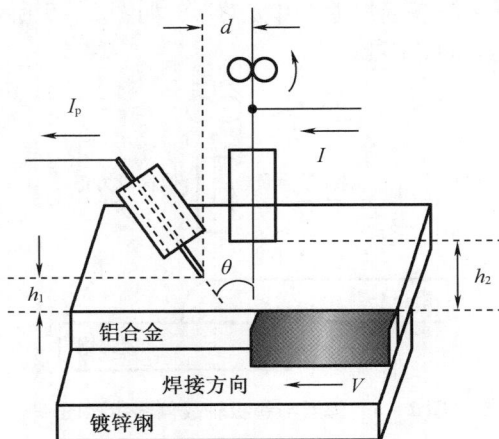

图 2－4　焊接工艺参数示意图

对试验母材进行焊接试验时,可通过对以上所述焊接工艺参数的互相调节、优化获得最佳焊接成形的工艺参数,在此参数基础上,对以下主参数进行试验设计并分别进行焊接对比试验,从而探究焊接主参数对焊缝成形及接头性能的影响。

(1)主路 MIG 焊接电流:主路 MIG 焊接电流对焊缝熔深及成形影响较大,试验采取在最佳参数电流基础上减小及增大几组电流,探究电流减小及增大对焊缝成形和质量的影响。另外,此电流的大小决定着焊缝热输入量的多少,而热输入量是决定钢－铝搭接接头组织成形的关键。

(2)旁路 TIG 电流:旁路 TIG 电流对焊接过程的稳定性影响很大,也是控制焊接飞溅的主要因素。同时,旁路 TIG 电流的大小与母材热输入量息息相关。试验在最优化的旁路 TIG 电流的基础上增加或减少几组电流,通过几组不同的旁路 TIG 电流研究旁路电流变化对焊缝成形及焊接过程的影响。

(3)焊接速度:焊接速度影响焊缝成形的余高及填充钎料的润湿铺展性能,同时影响单位时间内电弧作用于母材及填充钎料的热输入量。试验在获得最佳焊接速度参数的基础上,探究减小焊接速度与增大焊接速度对焊缝成形的影响,选择合理的焊接速度参数范围。

(4)钨极与焊丝间距:钨极与焊丝间距影响耦合电弧的形态,控制电弧热量的分布,过大的间距甚至导致焊接方式发生变化。试验以 1 mm 为间隔设计从小到大的钨极与焊丝间距,探究不同间距对焊缝成形的影响规律。

(5)钨极与焊丝轴线平面偏移量:试验保证焊丝与钨极轴线处于同一平面内并垂直于母材表面。其向铝母材偏移或向钢母材偏移都影响焊缝的走向及润湿铺展程度。试验设计以接头搭接焊缝为中心零点,如图 2 – 5 所示,分别探究偏向铝母材与钢母材焊缝成形的差距。

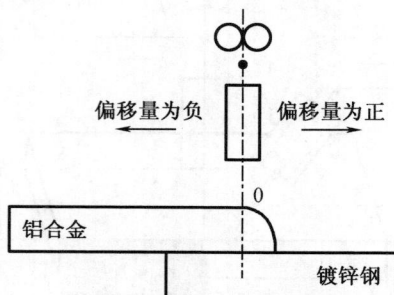

图 2 – 5　焊丝与钨极轴线偏移示意图

其余试验参数本书不做深入探讨,在此给出剩余参数的试验范围:焊接电压 U 为 15.5 ~ 17.5 V,钨极距母材高度 h_1 为 4 ~ 6 mm,MIG 焊枪嘴距母材高度 h_2 为 11 ~ 13 mm,钨极与焊丝夹角 θ 为 30° ~ 90°。试验通过以上对比工艺参数,为船用钢 – 铝复合结构的焊接提供有效的工艺规范依据。

2.3.2　等离子分流 MIG 焊接方法

为改善异种金属的焊缝成形,在旁路分流 MIG 焊接基础上,本书进一步提出一种旁路等离子 MIG 焊接方法,即等离子分流 MIG 焊接,其工艺系统如图 2 – 6 所示。焊接时,焊丝从等离子焊枪的中心穿过,引燃 MIG 电弧,并利用等离子电极作为旁路,分流部分焊丝电流。这样,MIG 焊丝可通大电流,在保证高熔丝效率和稳定熔滴过渡的同时减少作用于母材的焊接热输入,改善焊缝成形。同时,通过热压缩及喷嘴的机械压缩作用将耦合电弧拘束成等离子弧,获得高能量密度的精密电弧。

这种焊接热源具有以下特点。

(1)利用等离子电极分流,解决了焊丝高效熔化与工件低热输入之间的矛盾,且环形分布的旁路电弧,避免了由于磁偏吹、电弧力等作用导致的焊接飞溅等。

(2)为焊丝熔化、熔滴过渡提供了更多控制可能,旁路电弧及主电弧的耦合效应带来不同的热、力作用,这些作用可以实现对传统 MIG 电流与熔滴过渡模式的解耦,能够在低热输入条件下获得所需要的熔滴过渡模式。

（3）该方法很好地结合了 MIG 焊效率高、旁路分流的热输入低、等离子弧的拘束性好等技术优势，既能保证高效的焊丝熔化和稳定的熔滴过渡，又能降低工件热输入，实现精密、高质量的电弧焊接。

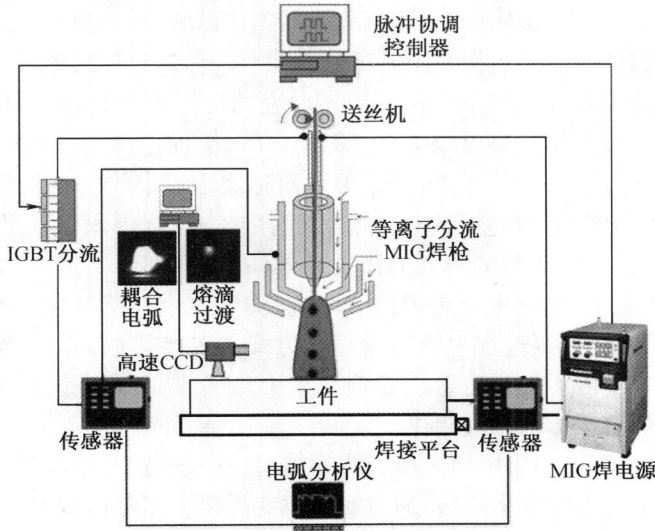

图 2－6　等离子分流 MIG 焊接工艺系统

对于钢－铝异种金属焊接，可将镀锌钢用夹具固定在焊接平台上，在镀锌钢上堆 4043 焊丝铝带，形成 4043 铝带后在 4043 铝带上进行角焊缝焊接 5183 铝合金，在进行角焊缝焊接时，先进行点焊固定正反两面，防止焊接过程中的焊接变形对角焊缝接头质量的影响。图 2－7 为钢－铝过渡层焊接过程示意图。利用电流电压实时采集系统与高速摄像系统对焊接过程进行观察，通过调节焊接工艺参数，调节焊接过程稳定性；设置对照试验，探究焊接过程工艺影响机理，通过宏观及微观组织和力学性能测评测焊接接头质量。

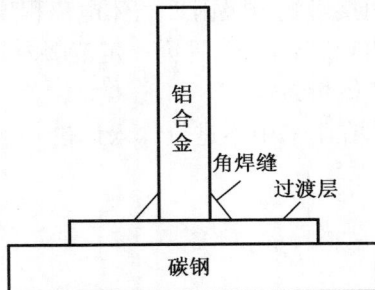

图 2－7　钢－铝过渡层焊接过程示意图

一项新工艺方法的实践和应用除了需要理论基础的前期积累,还需要工艺试验的验证。施焊过程中,不同的焊接工艺参数将对焊后焊道的熔深、熔宽、表面成形等产生重要影响,会影响焊后接头的质量。验证等离子分流复合焊接技术在钢－铝异种金属焊接上的应用,需要进行大量的工艺试验,找出对焊后成形影响较大的工艺参数,设计对照试验,探究不同工艺参数对焊后焊缝成形的影响规律。

等离子分流复合焊接技术在钢－铝异种金属焊接应用时,对焊后焊缝成形造成影响的工艺参数包含主路电流 I_1,主路电压 U_1,旁路电流 I_p,焊接速度 V_1,保护气(氩气)流量 q_1,等离子气(为区分保护气而称之为等离子气,主要成分为氩气)流量 q_2,导电嘴高度 h_1,导电嘴内径 d_1,对接间隙 l_1,对接焊丝偏移量 l_2,角焊缝焊接角度 θ_1,角焊缝相对于焊缝中央偏移量 l_3 等。

(1)主路电流 I_1:主路电流是焊接总电流,决定整个焊接过程中的送丝速度与熔化速度,同时影响焊接过程中的熔滴过渡方式与焊接热输入。主路电流的大小对焊缝的熔深及焊缝形貌产生重大影响。在工艺试验中,通过设置不同的主路电流来研究其对焊后成形的影响规律。

(2)主路电压 U_1:主路电压一般影响焊接过程中的弧长,影响焊接过程中电弧的稳定性。在工艺参数探索阶段,通过实时改变焊接主路电压调节电弧形态,形成稳定电弧,从而控制焊接过程的飞溅问题。

(3)旁路电流 I_p:旁路电流的大小决定通过母材电流的大小,间接决定母材热输入的大小,同时旁路电流与焊接稳定性息息相关。在工艺试验中,可通过调节几组不同旁路电流探究旁路电流对焊后成形的影响规律,寻求最佳旁路电流参数。

(4)焊接速度 V_1:焊接速度主要影响焊后余高及焊接过程中单位时间内对母材的热输入,同时在钛－钢对接试验中,焊接速度对于焊丝钎料的润湿铺展有较大影响。在工艺试验中,可设定不同焊接速度,研究焊接速度对焊后成形的影响,寻求最佳焊接速度参数。

(5)等离子气流量 q_2:等离子气流量在一定范围内主要影响电极的冷却效果与压缩气体的穿透效果,间接影响电极附近气体电离程度。等离子气流量太大会造成焊穿等缺陷,可根据实际焊后成形,探究一定范围内等离子气流量对焊后成形的影响,寻求最佳等离子气流量参数。

对于其他参数的影响,在本书中不进行深入讨论。钢－铝等离子分流复合焊接参数范围见表 2－12。

表 2－12　钢－铝等离子分流复合焊接参数范围

焊接参数	取值范围
主路电流 I_1/A	70～130
主路电压 U_1/V	15.6～18.8
旁路电流 I_p/A	20～55
焊接速度 $V_1/(mm \cdot s^{-1})$	10～15
保护气（氩气）流量 $q_1/(L \cdot min^{-1})$	10～18
等离子气流量 $q_2/(L \cdot min^{-1})$	0.5～2.0
导电嘴高度 h_1/mm	4～6
角焊缝焊接角度 $\theta_1/(°)$	40～50
角焊缝相对于焊缝中央偏移量 l_3/mm	－3～3

2.4　试验设备

本试验采用等离子分流 MIG 焊接系统进行试验,该系统为本书课题组自主研发,其主要构成如图 2－8 所示。整个系统主要由本书课题组自主研发的数字化可控分流焊机 BC－500AD、分流控制装备、气体水冷控制系统、行走控制系统、等离子分流复合焊枪及焊接过程中的检测装备等组成。

数字化可控分流焊机 BC－500AD 内置 IGBT 分流模块,通过与分流控制装备的协调控制,可进行主旁路电流的调节与主路电压的调节。BC－500AD 焊接电源配备松下高速送丝机,保证送丝速度与焊接电流的匹配关系,可提高焊接过程中的稳定性;同时 BC－500AD 焊接电源可在不同模式下进行参数选择,在进行钛－钢焊接时,电源接线可调成脉冲模式,脉冲调成标准脉冲,焊接材质选择不锈钢;进行钢－铝焊接时,脉冲可调成高频脉冲模式,材质选择铝合金。试验时选择不同材质模式,BC－500AD 焊接电源会根据材质选择电流电压,进行稳定的焊接工艺过程。

对于等离子分流 MIG 焊接过程中的行走机构,可设定不同的行走速度,焊接过程中可通过调节行走速度参数探究焊接速度对焊缝成形控制的影响。

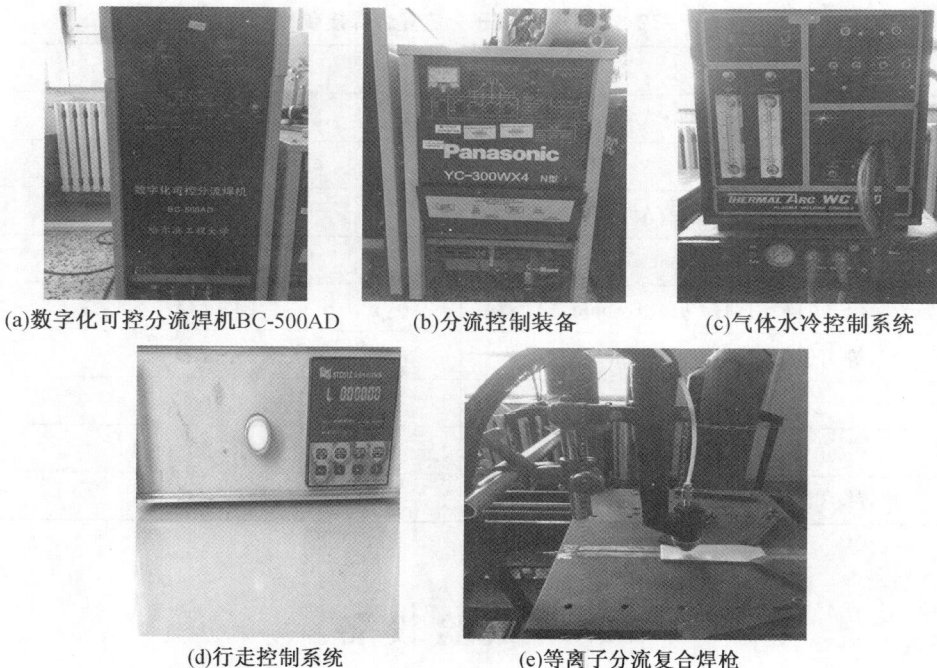

(a)数字化可控分流焊机BC-500AD　　(b)分流控制装备　　(c)气体水冷控制系统

(d)行走控制系统　　(e)等离子分流复合焊枪

图 2－8　等离子分流 MIG 焊接系统主要构成

　　等离子分流 MIG 焊接时所用的气体水冷控制系统(水冷系统)及保护气、离子气控制系统均是在等离子电源上进行改造的,只采用其水冷和保护气的功能,等离子电源在焊接过程中不启用。焊接时,水冷系统在焊枪内循环,一方面降低焊枪内温度,避免焊接过程中焊枪内部的损坏;另一方面通过水冷的作用,降低导电嘴温度,提高对电弧的压缩效果,从而提高经耦合形成复合电弧的电弧挺度。离子气及保护气均是氩气,等离子分流复合焊接离子气的概念是为了区别保护气而产生的:保护气在外部,主要起焊道的成形保护作用;离子气在电极内部,其主要作用是通过电极压缩气体,提高复合电弧的穿透性,同时也通过气体冷却,进一步压缩复合电弧。保护气及离子气系统通过外接变压器电源控制,气流量大小通过电磁阀控制。

　　等离子分流 MIG 焊枪是本书课题组自主研发改进的,原焊枪是飞马特 PWM－300,属于旁轴等离子焊枪,旁轴式等离子焊枪解决了 MIG 送丝时同轴等离子焊枪的斜送丝状态,保证了送丝过程的焊丝挺直度;同时,采用旁轴式等离子焊枪送丝时减少了送丝阻力,便于焊接过程中的稳定控制。焊枪内部保留原焊枪的水冷、气体通道,MIG 送丝管通过快插与铜管相连,铜管前段与 MIG 导电嘴相连,后段通过加工外螺纹的方式与焊枪固定。送丝铜管外加定制绝缘瓷套,使铜管与水冷铜套绝缘,间接确保与水冷铜套相连的等离子导电嘴与送丝铜管绝缘,避免枪内产生串弧烧坏枪体。定制的绝缘瓷套外径进行开槽处理,目的是保证气体的顺畅流通。等离子分流复合焊导电嘴内径需要扩孔处理,本书所用的导电嘴内径为 4 mm。

2.5　金相试件制备及组织观察

2.5.1　金相试件制备

焊后接头分析的前期准备工作便是金相试件的制备过程,其目的是观察宏观外貌、微观组织及分析成分,从而分析焊接工艺对焊接接头的影响机制。金相试件的制备按照制备规范分以下三个步骤进行。

首先,选择需要观察分析的焊缝位置,对焊缝进行线割取样,切割时尺寸的选择要确保焊缝区、热影响区及母材区都包含在切割样件中。线切割的试验设备如图 2 - 9 所示。

图 2 - 9　线切割的试验设备

其次,进行切割后试件的镶嵌工作。将切割完的试件按照工艺参数编好序号,在平整、洁净的平面上进行镶嵌,用牙托粉将切割件镶嵌在模具中。

最后,进行金相试件的打磨抛光过程。其具体步骤为:先用水砂纸进行粗打磨,然后用 200#、400#、600#、800#的金相砂纸依序进行打磨,每次换砂纸之前确保前一步操作只剩一个方向的划痕,换新砂纸时 90°旋转试件,交替进行,直至最终金相试件表面无划痕,之后用金相试样抛光机进行机械抛光处理,分别使用 3.5 μm、1 μm 抛光剂进行抛光,抛光结束后依次用清水和酒精冲洗,最后拿吹风机沿一个方向吹干表面即可。试验中所用金相试样抛光机如图 2 - 10 所示。

图 2 – 10　金相试样抛光机

2.5.2　组织观察

对抛光完的金相试件进行组织观察时要对试件进行腐蚀操作。对钢－铝异种金属角焊缝接头采用 keller 试剂，比例为 1（HF）：1.5（HCL）：2.5（HNO$_3$）：95（H$_2$O）；对钛钢异种金属对接接头采用2%的硝酸酒精进行腐蚀。采用德国奥林巴斯－SZX12 体式光学金相显微镜观察焊接接头低倍宏观外貌；采用奥林巴斯－GX71 倒置式光学金相显微镜观察高倍组织形貌。焊接所用光学观察试验仪器如图 2 – 11 所示，所用光学显微镜设备主要性能指标见表 2 – 13 和表 2 – 14。

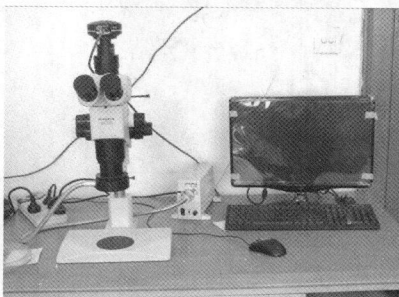

(a)奥林巴斯-SZX12体式光学金相显微镜　　(b)奥林巴斯-GX71倒置式光学金相显微镜

图 2 – 11　光学观察试验仪器

表 2 – 13　奥林巴斯－SZX12 体式光学金相显微镜主要性能指标

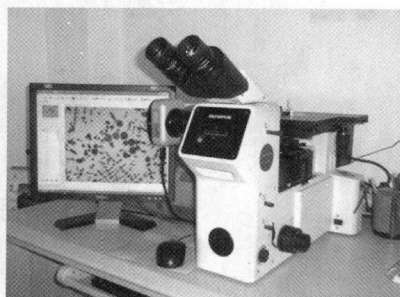

目镜放大倍率	10 ×
物镜放大倍率	2.1 × ～90 ×
主要附件	环形及角形光源

表 2-14　奥林巴斯 - GX71 倒置式光学金相显微镜主要性能指标

目镜放大倍率	$10 \times$
物镜放大倍率	$5 \times$、$10 \times$、$20 \times$、$50 \times$、$100 \times$
附件	暗场、微分干涉、偏光

2.5.3　组织成分测试

对于焊接接头的成分分析分为焊缝能谱分析与断口 XRD 分析。焊缝接头在进行微观组织观察后需用高目砂纸打磨掉腐蚀痕迹,并用抛光剂打磨表面。本书相关试验分别采用电子探针 JXA - 8230 进行焊缝接头能谱分析,采用 X 射线衍射仪进行断口化合物分析。成分分析设备如图 2 - 12 所示。

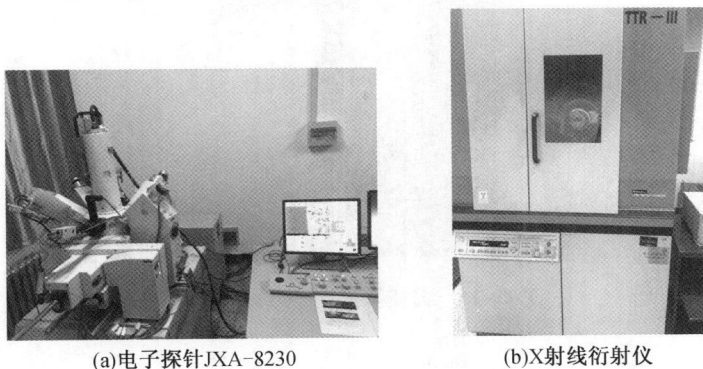

(a)电子探针JXA-8230　　(b)X射线衍射仪

图 2 - 12　成分分析设备

2.6　接头力学性能测试

2.6.1　抗拉强度试验

抗拉强度是评定焊接接头力学性能的重要指标。焊接后,钛 - 钢对接接头焊缝的拉伸尺寸如图 2 - 13 所示。采用线切割制备拉伸标准件后可利用砂纸打磨去除切割毛刺,避免应力集中对接头力学性能测试结果产生影响。采用不同工艺参数制备三组拉伸标准件,取平均值作为最终力学性能指标。拉伸试验的微机屏显电子万能试验机如图 2 - 14 所示,具体可参照 GB/T 228—2010 进行试验。

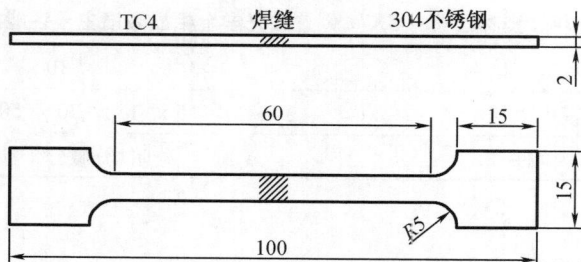

图 2－13　钛－钢对接接头焊缝的拉伸尺寸(单位:mm)

图 2－14　微机屏显电子万能试验机

2.6.2　弯曲试验

弯曲试验参照 GB/T 232—1999 进行,所采用微机屏显电子万能试验机如图 2－14 所示,弯曲过程示意图如图 2－15 所示。

2.6.3　接头硬度试验

接头硬度试验采用数字式显微硬度计测量等离子分流复合焊后钛－钢－钢－铝异种金属接头硬度变化,测量仪器和测量方式分别如图 2－16、图 2－17 所示。钛－钢硬度测量试验所加载荷为 1 000g,加载时长为 20 s;钢－铝硬度测量试验加载载荷为 100g,加载时间为 10 s。

镀锌钢

4043铝

5183铝　5183铝

5083铝

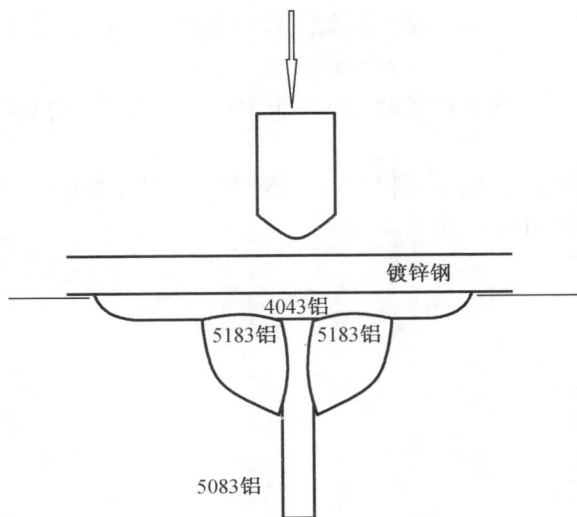

图 2 – 15　弯曲过程示意图

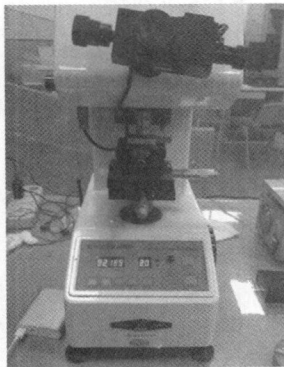

图 2 – 16　数字式显微硬度计

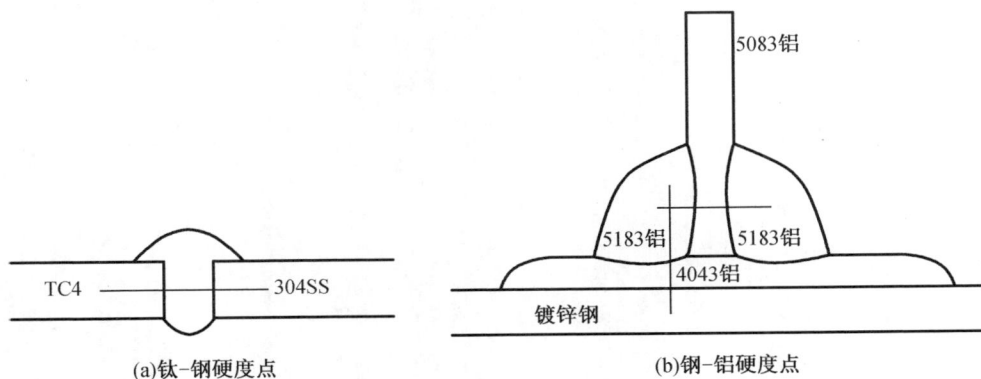

TC4　　　304SS

(a)钛-钢硬度点

5083铝

5183铝　5183铝

4043铝

镀锌钢

(b)钢-铝硬度点

图 2 – 17　接头硬度测量方式示意图

2.7　本 章 小 结

本章主要介绍了如下内容。

（1）介绍了钢 – 铝异种金属母材材料特性、钢 – 铝焊接填充焊丝材料特性,以及母材表面处理方法与加工方法。

（2）介绍了等离子分流 MIG 焊接系统原理及焊接设备、电流电压采集系统、高速摄像系统,以及等离子分流 MIG 焊接系统操作、试验过程中各系统之间的协调、控制、调节和焊接工艺参数。

（3）介绍了焊接接头分析设备,包括金相显微镜、扫描电镜、万能拉伸试验机、显微硬度计、弯曲试验机。

（4）介绍了焊接接头分析所用方法,包括金相试件制备、组织分析、成分分析、拉伸试件制备、弯曲试件制备、硬度测试方法。

第 3 章　旁路分流 MIG 电弧熔钎焊接工艺研究

在船舶建造过程中,工艺参数的变化对钢－铝复合结构焊接接头成形及其质量有很大影响。旁路分流 MIG 电弧熔钎焊接与传统电弧熔钎焊接相似,焊缝成形易受焊接电流、焊接电压、焊接速度等工艺参数影响,选择合理的焊接工艺参数,能为低热输入电弧焊接船用钢－铝复合结构工艺规范提供有力支持。

3.1　焊接最佳工艺参数的焊缝成形

通过对焊接工艺的试验及优化,得到船用钢－铝复合结构(板厚2 mm)的焊接最佳工艺参数,见表 3－1。

表 3－1　焊接最佳工艺参数

焊接参数	数值
主路电流 I/A	70
MIG 焊枪保护气流量 $q_1/(L \cdot min^{-1})$	15
旁路电流 I_p/A	55
旁路焊枪保护气流量 $q_2/(L \cdot min^{-1})$	5
焊接电压 U/V	16.6
焊接速度 $V/(mm \cdot s^{-1})$	13.1
焊丝与钨极平面偏移量 l/mm	0
钨极距母材高度 h_1/mm	5
MIG 焊枪喷嘴距母材高度 h_2/mm	12
钨极与焊丝间距 d/mm	5

图 3－1 为最佳工艺参数下的钢－铝复合结构搭接焊缝形貌。由图可知,在该工艺参数下,焊缝表面成形较为光滑,熔宽均匀,焊缝成形良好。试验中,采用铝母材搭接于钢母材上方进行焊接,有利于电弧热输入先接触铝母材并使其熔融,从而

浸润焊缝钎层。由于钢母材和铝母材的熔点差异大,因此钢母材在接触电弧热量的作用下微量熔化,此时电弧能量由于接触铝母材已有所衰减,可保证铝硅填充钎料能更好地与钢母材层面结合,形成均匀、美观的焊缝。同时,旁路 TIG 焊枪对 MIG 主路电流进行分割,耦合形成的电弧更加稳定了焊接过程。由耦合电弧的形态(图 3−2)可知,电弧在焊丝与钨极之间耦合且其中心置于焊缝中部,耦合电弧的电磁力更为均衡地促进了熔滴过渡,保证熔池成形的平衡,减少焊接飞溅的产生。另外,比起单一的 MIG 电弧,形成的耦合电弧扩展了原电弧的弧根,使熔滴处于整个电弧的包围中,更利于熔滴的过渡及熔池的形成,以此可确保焊缝的成形。

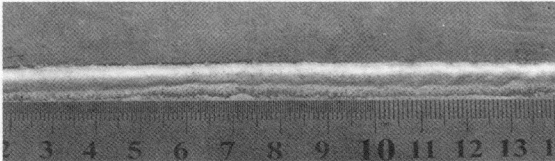

图 3−1 焊缝形貌

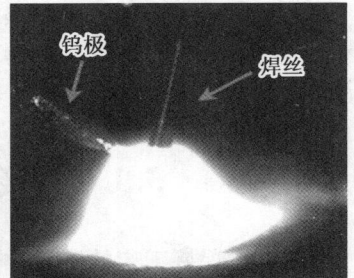

图 3−2 耦合电弧的形态

3.2 焊接工艺参数对焊缝成形的影响

焊接工艺参数的变化对焊缝成形的影响非常敏感,本节在焊接最佳工艺参数的基础上,探讨不同焊接工艺参数的变化,以及如何从不同角度决定焊缝成形的质量。

3.2.1 主路 MIG 焊接电流对焊缝成形的影响

在获得最优焊接接头的工艺参数的基础上,选取 5 组不同的主路 MIG 焊接电流,利用试验分析电流对焊缝成形的影响。表 3−2 为不同主路 MIG 电流下的焊缝形貌。由表 3−2 可知,在其他参数保持不变的情况下,随着主路 MIG 焊接电流的增加,电弧作用于母材热输入量发生改变,引起熔滴过渡发生改变,导致焊缝形貌明显变化。当主路 MIG 焊接电流为 62 A 时,热输入量小,熔滴过渡不稳定(易出现短路过渡),造成填充钎料不能充分熔融,使得焊缝熔宽较窄且不均匀。当电流增大至 70 A 时,焊缝成形良好,均匀、美观,没有明显的焊接缺陷产生,这是由于合理的电流在理想的电磁力的作用下,熔滴呈现射滴过渡且过渡稳定,焊接过程稳定性也良好。随着焊接电流的继续增大,过大的电弧热输入量使得熔滴过渡速度加快,易出现射流过渡,此时,大的焊接电流增加了填充钎料的熔敷率,且增加了其在母材上的润湿铺展性能,导致焊缝过宽。另外,大的热输入量可使母材界面组织间金属化合物迅速生长,铺满整个接头,过低的余高在空气冷却的作用下易出现焊接裂纹,甚至出现接头脱落现象。

表 3 – 2　不同主路 MIG 电流下的焊缝形貌

试件	电流/A	其他参数	焊缝成形	成形特点
1	62			焊缝成形较窄且不均匀,余高较高
2	66	$I_p = 55$ A; $U = 16.6$ V; $V = 13.09$ mm/s; $l = 0$ mm; $h_1 = 5$ mm; $h_2 = 12$ mm; $d = 5$ mm; $q_1 = 15$ L/min; $q_2 = 5$ L/min		成形不均匀,铝侧成形参差不齐
3	70			成形良好,平整光滑,两母材结合紧密
4	74			成形较为均匀,焊缝变宽
5	78			焊缝过宽,出现下塌现象

3.2.2　旁路 TIG 电流对焊缝成形的影响

在主焊接参数不变的情况下,选取 5 组不同的旁路 TIG 焊接电流(I_p)进行工艺试验。表 3 – 3 为不同旁路 TIG 电流下的焊缝形貌。由表 3 – 3 可知,当旁路 TIG 焊接电流为 45 A 时,焊缝熔宽过宽,有较大的焊接飞溅,随着旁路焊接电流的增大,焊缝余高增加,焊接过程变得稳定,焊接飞溅逐渐减小。当旁路 TIG 焊接电流增大至 55 A 时,焊接熔滴过渡为滴状过渡的形式,焊缝成形良好,平整光滑,焊接过程中无飞溅产生。当旁路 TIG 电流继续增大时,焊接过程的稳定性降低,焊缝成形受到一定影响。当旁路 TIG 电流增大至 65 A 时,出现了焊接飞溅现象,焊接熔宽均匀不一。

表 3－3　不同旁路 TIG 电流下的焊缝形貌

试件	电流/A	其他参数	焊缝成形	成形特点
1	45			有较大焊接飞溅,熔宽过宽
2	50	$I = 70\ A$; $U = 16.6\ V$; $V = 13.09\ mm/s$; $l = 0\ mm$; $h_1 = 5\ mm$; $h_2 = 12\ mm$; $d = 5\ mm$; $q_1 = 15\ L/min$; $q_2 = 5\ L/min$		焊缝成形较为均匀,有咬边出现
3	55			成形良好,平整光滑,两母材结合紧密
4	60			成形较好,焊接过程不稳定
5	65			熔宽过窄,有少量飞溅

　　对试验结果进行分析,发现当旁路 TIG 电流较小时,由于分走了较少的电流,焊接电弧的热输入量较大,熔敷率较高,获得的焊缝熔宽较宽。随着旁路 TIG 电流的逐渐增大,分走的焊接电流使得焊接热输入量变少,会导致熔宽变窄,当 TIG 焊枪与 MIG 焊枪电流达到平衡时,焊接过程变得稳定,此时,合理的热输入使得熔滴在母材表面润湿铺展良好,形成均匀、美观的焊缝。继续增大旁路电流时,电弧作用于母材的热输入量减少,此时,母材不能得到有效的预热,降低了填充钎料的熔融及润湿铺展,影响焊缝的成形。同时,耦合电弧内部电磁力的不平衡使熔滴过渡不稳定,产生焊接飞溅,对焊接熔池也造成一定的影响,使得焊缝熔宽不均匀。

3.2.3　焊接速度对焊缝成形的影响

在最佳主参数不变的基础上,选取 5 组不同焊接速度进行工艺试验。表 3 - 4 为不同焊接速度下的焊缝形貌。由表 3 - 4 可知,当焊接速度为 10.4 mm/s 与 11.63 mm/s时,焊缝熔宽较宽,余高较小,焊接过程不稳定,有飞溅产生,焊接速度增加至 13.09 mm/s 时,焊缝成形逐渐变得均匀美观,焊接飞溅消失。随着焊接速度继续增加,焊缝焊接过程变得不稳,焊缝成形变差,熔宽变窄,余高变高,且焊缝明显出现未钎合现象,如表 3 - 4 中焊接速度为 15.88 mm/s 时的焊缝形貌。另外,热输入的不均衡会导致填充钎料短时间内熔融不充分,使得焊接形貌成形不均的同时会产生焊接裂纹等焊接缺陷,进一步影响焊接接头质量。

表 3 - 4　不同焊接速度下的焊缝形貌

试件	焊接速度/ (mm · s⁻¹)	其他参数	焊缝成形	成形特点
1	10.42			焊接过程不稳,焊缝粗糙
2	11.63	$I = 70$ A; $I_p = 55$ A; $U = 16.6$V; $l = 0$ mm; $h_1 = 5$ mm; $h_2 = 12$ mm; $d = 5$ mm; $q_1 = 15$ L/min; $q_2 = 5$ L/min;		飞溅较大,成形较好
3	13.09			成形良好,平滑光整,两母材结合紧密
4	14.55			焊缝表面不平整,有飞溅,焊缝边缘凹凸、粗糙
5	15.88			出现未融合,与母材结合处有裂纹产生

对试验结果进行分析,发现当焊接速度较低时,单位时间内作用于母材的热输入较大,母材充分预热的同时使得填充钎料润湿铺展、流动性过大,从而焊缝熔宽增加。另外,由于较低的焊接速度造成熔滴射滴过度集中,因此流动熔池面受到冲击形成焊接飞溅。随着焊接速度的增加,填充钎料及母材熔融凝固的速率达到平衡,继而焊缝成形变得均匀,与此同时,单位时间内的熔滴自由过渡数量恰好满足焊缝成形所需,焊接过程变得稳定。当焊接速度继续增加时,过快的速度会使熔滴不能在短时间内对熔池进行填充,且母材受热输入过低,不能有效熔融,低温下的液态金属间化合物不能在母材上完全润湿铺展,进而结晶凝固,影响焊缝成形,同时产生未钎合或未熔融等焊接缺陷。

3.2.4 钨极与焊丝间距对焊缝成形的影响

本书以获得最佳焊缝成形的工艺参数为基础,选取 5 组不同钨极与焊丝间距进行工艺试验。表 3－5 为不同钨极与焊丝间距下的焊缝形貌。由表 3－5 可知,当两者间距为 3 mm 时,焊接熔敷率较好,焊缝表面成形较好,随着两者间距增大至 5 mm,焊缝成形更为均匀,表面也更加平整光滑,两母材的结合度也更为紧密,此时,焊缝成形达到最佳状态。在此基础上继续增大两者间距时,焊缝成形质量开始下降,当钨极与焊丝间距增大至 7 mm 时,焊缝成形已极为粗糙,出现较大的焊接缺陷,接头质量及性能也较差。

对试验结果进行分析,发现当钨极与焊丝间距过小时,一方面,耦合电弧能量集中,整个电弧中的电磁力较强,能有效促进焊丝的熔滴过渡;另一方面,在单位空间体积中的热量作用也较大,使得整个母材与填充钎料熔融均匀,但强电磁力的集中破坏了熔滴融入熔池的平衡性,导致焊接过程不稳定,焊缝表面成形有所欠缺。当焊接间距增大时,耦合电弧的形态发生了改变,整个电弧中的电磁力分布范围增大,保证了整个焊缝区域的热输入量,从而改善了焊缝成形。除此之外,电弧能量的集中被削弱,使得整个熔池区域的热量分布更均匀、平衡,熔滴过渡更加平稳,保证了焊接过程的稳定性,减小了焊接飞溅的产生。随着钨极与焊丝间距的继续增大,旁路钨极的分流作用稳定性消失,造成焊接过渡的不稳定。当两者间距过大时,旁路钨极分流作用消失,焊接过程变为 MIG 熔钎焊,此时焊接过程中的熔滴过渡已由滴状过渡变为短路过渡与滴状过渡的混合,使得焊接过程极不稳定,一方面导致填充钎料不能有效熔融,另一方面导致熔池易出现扰动情况,进而不能形成良好的焊接接头成形,同时产生焊接飞溅和表面裂纹等焊接缺陷。焊接过程的不稳定,不能令焊缝接头界面间形成相应的金属化合物,导致难以保证焊接接头质量。

表 3 – 5　不同钨极与焊丝间距下的焊缝形貌

试件	钨极与焊丝间距/mm	其他参数	焊缝成形	成形特点
1	3			焊缝成形较好，表面不平整
2	4	$I = 70$ A； $I_p = 55$ A； $U = 16.6$ V； $V = 13.1$ mm/s； $l = 0$ mm； $h_1 = 5$ mm； $h_2 = 12$ mm； $q_1 = 15$ L/min； $q_2 = 5$ L/min		成形较为均匀，表面不平整
3	5			成形良好，平整光滑，两母材结合紧密
4	6			焊缝过宽，有焊接缺陷
5	7			焊缝成形不平整，出现咬边，接头质量差

3.2.5　焊丝与钨极偏移量对焊缝成形的影响

在最佳焊缝成形的工艺参数基础上，分别选取 4 组不同焊丝与钨极所在焊枪平面偏移量(l ，简称偏移量)进行工艺试验。试验中，令钨极与焊丝轴线所在平面垂直于焊缝中心，以此为偏移零点，向铝母材偏移为负，向钢母材一侧偏移为正。表 3 – 6 为不同偏移量下的焊缝形貌。由表 3 – 6 可知，当偏移量为 – 0.6 mm 时，焊缝主体产生于铝母材一侧，焊缝成形良好，焊缝熔宽稍有不均匀。当偏移量为 0 mm 时，获得的焊缝成形接头质量达到较为理想的状态。向钢侧移动整体焊枪，当偏移量为 0.6 mm 时，焊缝成形不平整，边缘凹凸不均，继续移至 1 mm 时，焊缝能均匀成形,但焊接中产生的焊接飞溅较大,靠近铝母材一侧边缘有未钎焊及母材未熔融的区域出现,影响整个焊缝质量。

表 3－6　不同偏移量下的焊缝形貌

试件	偏移量/mm	其他参数	焊缝成形	成形特点
1	−0.6			成形良好,熔宽不均匀
2	0	$I = 70$ A; $I_p = 55$ A; $U = 16.6$ V; $V = 13.1$ mm/s; $h_1 = 5$ mm; $h_2 = 12$ mm; $d = 5$ mm; $q_1 = 15$ L/min; $q_2 = 5$ L/min		成形良好,平整光滑,两母材结合紧密
3	0.6			焊缝表面不平整,焊缝边缘凹凸
4	1			有未钎焊现象

对试验结果进行分析,发现当整体焊枪偏向铝母材一侧时,电弧热输入中心发生了偏移,过多的热量作用于铝合金母材上,铝母材能更迅速地与填充钎料融合形成均匀的焊缝。当偏移量偏向钢母材一侧时,热量中心作用于钢母材,此时,焊丝与钨极距离钢母材的高度发生了变化,使整个焊接熔滴过渡的时间加长,改变了焊接过渡过程,造成了焊接的不稳定。同时,电弧边缘的热量不均导致母材熔融不均匀,使得焊缝边缘凹凸不平。随着偏移量的继续增加,在一定区域内,焊缝边缘的热输入量不足以熔融铝母材,融化的填充钎料在偏钢母材一侧形成焊缝,造成在焊缝铝母材边缘出现未熔融及未钎合等焊接缺陷。

3.3　船用钢-铝旁路分流 MIG 焊接熔滴过渡机理

试验采用高速摄像对船用钢-铝旁路分流 MIG 焊接过程中的熔滴过渡情况进行拍摄,通过观察熔滴过渡模式、过渡现象和过渡轨迹统计一定时间内的熔滴过渡个数,以及观察焊缝的形状,比较、分析熔滴过渡的稳定性及其焊接效果。

图 3-3 为船用钢-铝旁路分流 MIG 焊接溶滴过渡示意图。其结果表明,旁路电弧的引入改变了原有电弧的 MIG 熔滴过渡的模式,减小了射滴过渡的临界电流值,可在小电流下实现射滴过渡,即焊接过程中的溶滴过渡模式从短路过渡变为射滴过渡,改善了焊接质量。另外,旁路电弧的存在改善了熔滴过渡路径上的电弧氛围,改变并稳定了电弧形态,使作用于熔滴上的外力十分平稳、均匀,熔滴过渡也更为平稳。

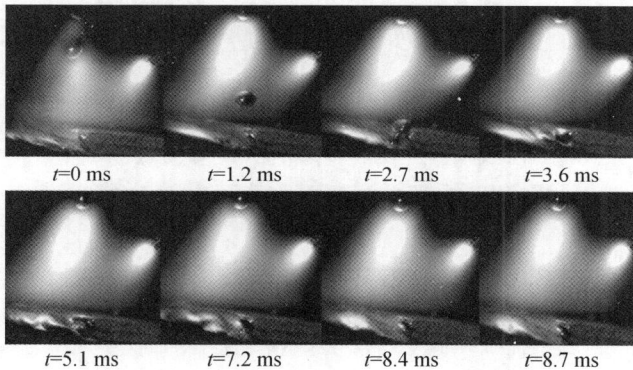

| t=0 ms | t=1.2 ms | t=2.7 ms | t=3.6 ms |
| t=5.1 ms | t=7.2 ms | t=8.4 ms | t=8.7 ms |

图 3-3　船用钢-铝旁路分流 MIG 焊接溶滴过渡示意图

3.4　本 章 小 结

本章对船用钢-铝旁路分流 MIG 焊接工艺参数进行了优化,并对焊接过程中主要焊接参数对焊缝成形和焊接接头质量的影响进行了分析和讨论,同时对整个焊接过程中溶滴过渡进行了观察。本章具体总结如下:

(1)采用旁路分流 MIG 焊接,实现了船用钢-铝异种合金搭接接头的可靠焊接,得到本书材料试验最佳参数为:主路 MIG 电流为 70 A,焊接电压为 16.6 V,旁路 TIG 电流为 55 A,焊接速度为 13.1 mm/s,TIG 钨极距母材高度为 5 mm,钨极距 MIG 焊丝间距为 5 mm,MIG 焊枪距母材高度为 12 mm,MIG 焊枪保护气流量为 15

L／min，TIG 焊枪保护气流量为 5 L／min。

（2）主路 MIG 焊接电流、旁路 TIG 焊接电流、焊接速度、焊丝与钨极间距及其偏移量对焊缝成形影响较大。在一定工艺参数不变的情况下，各个工艺参数的最佳变化值域范围较窄。

（3）试验过程中，旁路 TIG 电流的存在使焊接溶滴过渡变为射滴过渡，稳定了焊接电弧，有效保证了焊缝质量。

第4章 旁路等离子MIG电弧焊接工艺研究

在船舶结构件焊接过程中,不同的焊接工艺参数对焊接接头质量及焊接效率会产生不同的影响,探索焊接工艺参数,对于提高焊接生产效率、提高焊缝质量具有重大意义。本章就旁路等离子MIG电弧焊接工艺进行大量工艺试验,确定钢－铝异种金属焊接的最佳工艺参数,获得钢－铝异种金属焊接角焊缝接头,探索工艺试验中不同工艺参数对焊缝成形的影响规律,对钢－铝异种金属等离子分流复合焊接工艺提供试验依据。

4.1 最优工艺参数下的焊缝成形

试验中,结合不同工艺参数对焊缝成形影响的理论依据,控制旁路等离子MIG电弧焊接工艺参数变量,探索各工艺参数之间的稳定关系,通过在焊接过程中采集电压、电流信息与电弧熔滴过渡方式,实时调节各工艺参数,找到最佳焊接工艺参数。

4.1.1 钢－铝异种金属焊接工艺流程制定

针对某船舶实际生产的需要,钢－铝异种金属的接头为角焊缝连接,由于钢－铝异种金属直接焊接局限于各自材料的物理化学性能差异,因此本书提出了一种钢－铝异种金属角焊缝焊接方法。具体实施方案为:在工艺试验中,Q235钢镀锌后固定在焊接平台上,采用旁路等离子MIG电弧焊接工艺在80 mm宽镀锌钢表面堆4043铝合金铝带,铝带宽度为40~60 mm,在铝带上进行与5083铝合金的角焊缝焊接,该钢－铝异种金属角焊缝焊接极大地提高了钢－铝异种金属角焊缝的疲劳强度。按照既定方案进行铝带及角焊缝的焊接,试验初期进行大量的工艺参数试验,试验参数见表4－1,焊缝成形及特点见表4－2。

表4－1　镀锌钢堆铝焊接工艺参数

主路电流 I/A	电压 U/V	旁路电流 I_p/A	焊接速度 $V/(mm \cdot s^{-1})$	导电嘴内径 d/mm	导电嘴距母材高度 h/mm	保护气流量 $q_1/(L \cdot min^{-1})$	等离子气流量 $q_2/(L \cdot min^{-1})$
74～120	16.6～20	40～60	10～14	4	5	13～17	0.9～1.2

表4－2　镀锌钢堆铝焊接工艺焊缝成形及特点

编号	焊缝成形	成形特点
1		焊道灰黑,焊道较窄
2		成形不均匀,焊缝变宽,飞溅较大
3		光滑平整,飞溅较少
4		成形不均匀,表面气孔较多
5		成形较差,飞溅大,存在大量表面气孔
6	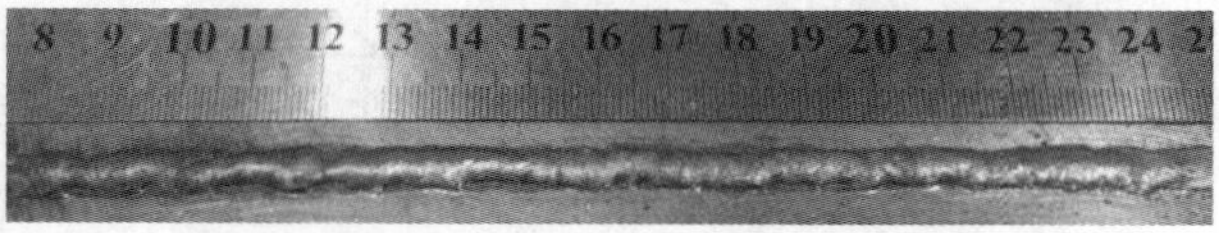	成形不均匀,焊道参差不齐
7		成形较为均匀,余高较高,焊道较窄
8		焊道较窄,飞溅较大

表 4 - 2（续）

编号	焊缝成形	成形特点
9		余高较高，焊道较窄，表面光滑
10		焊道较宽，成形差，飞溅大

通过对比不同参数下的焊缝成形，并根据实时电流、电压及电弧采集系统采集数据反馈，在较大电流情况下，旁路等离子 MIG 电弧焊接工艺穿透性很强，镀锌钢底板变形很大，需要配合快速焊接速度才能保证焊接成形，而且焊接过程不稳定，需要旁路电弧协调稳弧，整体工艺参数协调控制比较困难。结合钢 – 铝焊接工艺方案的设定，对镀锌钢堆铝合金应该采用小电流并协调其他工艺参数来稳定焊接过程。

4.1.2　铝带最佳工艺下的焊缝成形

经过初步参数工艺探索，得到铝带最佳成形工艺参数见表 4 - 3。铝带最佳工艺参数下的焊缝成形如图 4 - 1 所示。

表 4 - 3　铝带最佳成形工艺参数

焊接工艺参数	数值
主路电流 I_1/A	76
主路电压 U_1/V	16.6
旁路电流 I_p/A	55
焊接速度 V_1/(mm·s^{-1})	13
保护气流量 q_1/(L·min^{-1})	15
等离子气流量 q_2/(L·min^{-1})	1
导电嘴高度 h_1/mm	5
导电嘴内径 d_1/mm	4

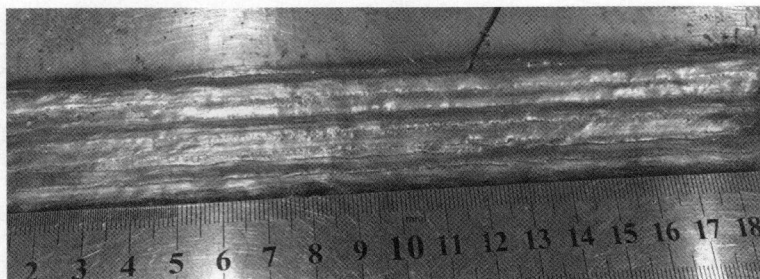

图 4 - 1　铝带最佳工艺参数下的焊缝成形

在最佳工艺参数下,铝带焊缝表面光滑、平整、有亮度,说明在此参数下整个焊接过程气体对焊道的保护较好;整个堆焊过程中无飞溅,熔滴过渡稳定,焊缝成形美观,说明等离子 MIG 电弧焊接工艺在钢－铝异种金属的焊接过程中发挥了其所具有的工艺优势特点,可在钢－铝异种金属焊接中有效应用。

4.1.3　钢－铝角焊缝最优参数成形

在探究完镀锌钢上堆铝带的工艺参数后,需要进行铝带上角焊缝焊接铝合金的工艺试验。基于工艺参数的不同,需先采用 5083 铝合金板进行单独堆焊试验,由于其焊接工艺属于同种金属的焊接工艺,故在本书中不详细阐述。本试验找到合适工艺参数后进行 5083 铝合金同种金属的角焊缝焊接试验,验证完成后进行钢－铝异种金属的角焊缝焊接试验,获得角焊缝最佳成形工艺参数见表 4 - 4,最佳工艺参数下铝－铝角焊缝成形与钢－铝角焊缝成形如图 4 - 2 和图 4 - 3 所示。

表 4 - 4　钢－铝角焊缝最佳成形工艺参数

焊接工艺参数	数值
主路电流 I_1/A	130
主路电压 U_1/V	18.8
旁路电流 I_p/A	25
焊接速度 V_1/(mm · s^{-1})	11.6
保护气流量 q_1/(L · min^{-1})	15
等离子气流量 q_2/(L · min^{-1})	1.2
导电嘴高度 h_1/mm	5
导电嘴内径 d_1/mm	4

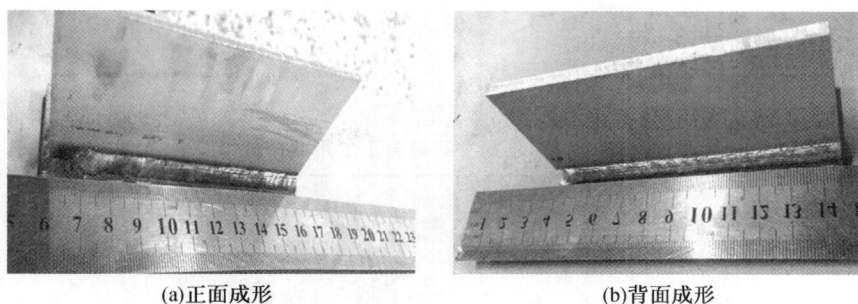

(a)正面成形　　　　　　　　　　　　(b)背面成形

图 4 - 2　最佳工艺参数下铝 - 铝角焊缝成形

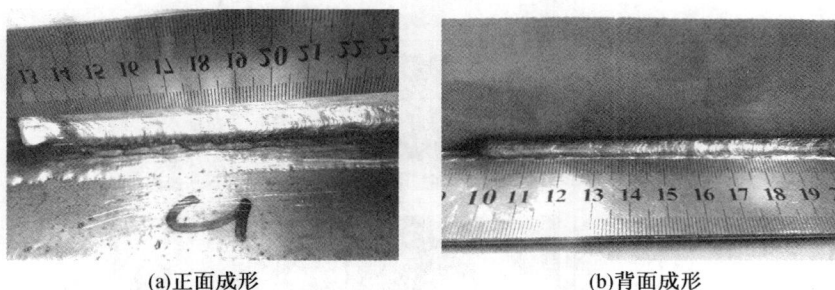

(a)正面成形　　　　　　　　　　　　(b)背面成形

图 4 - 3　最佳工艺参数下钢 - 铝角焊缝成形

由最佳工艺参数的焊缝成形可以看出,整个焊缝光滑、明亮,气体保护效果好,角焊缝采用稍大电流便于焊丝的填充,整个焊道与两板结合紧密,未见明显表面焊接缺陷,证明旁路等离子 MIG 电弧焊接工艺可以用于铝 - 铝及钢 - 铝的角焊缝焊接。

4.2　焊接工艺参数对焊缝成形的影响

研究焊接工艺参数对焊缝成形的影响对于旁路等离子 MIG 电弧焊接工艺在其他焊接件上的应用具有重要指导意义。焊接工艺参数的变化直接影响焊缝成形,在工艺试验基础上找到最佳工艺参数设置,通过改变主路电流、主路电压、旁路电流、焊接速度等工艺参数,探究不同工艺参数对焊缝成形的影响规律。

4.2.1　主路电流对焊缝成形的影响

在旁路等离子 MIG 电弧焊接工艺试验中,送丝速度与焊接电流成正比匹配关系,主路电流间接决定了焊接过程中送丝速度的大小,同时也影响焊接时的热输入情况,对焊缝成形产生重大影响。本试验探究主路电流对焊缝成形的影响规律时,在最佳工艺参数下设置不同主路电流变化,根据实际焊缝成形研究相应规律。不同主路电流下的焊缝成形见表4–5。

表4–5　不同主路电流下的焊缝成形

试件	主路电流/A	其他参数	焊缝成形	成形特点
1	60			出现咬边焊接缺陷,焊缝不均匀
2	70			焊缝较平滑
3	74	$U_1 = 16.6$ V;$I_p = 55$ A;$V_1 = 14$ mm/s;$q_1 = 15$ L/min;$q_2 = 1.2$ L/min;$h_1 = 5$ mm;$d_1 = 4$ mm		成形良好,焊缝均匀、平滑,飞溅较小
4	76			焊缝较均匀,无飞溅
5	78			焊缝平滑、光亮,焊道变宽
6	82			焊道过宽,出现下塌及咬边现象

对试验结果进行分析,发现在其他参数保持不变的情况下,主路电流的增加引起送丝速度及热输入量的变化,进而对熔滴过渡及电弧形态产生影响,最终导致焊

缝成形的变化。从试验可以看出,当主路电流为 60 A 时,焊丝送丝及熔化速度相较于焊接速度偏慢,导致焊丝不能充分在焊道中填充,造成焊缝成形不均匀;当主路电流达到 70 A 时,焊缝成形得到改善,结合电弧形态与熔滴过渡形式进行分析,在此工艺参数下,焊丝在导电嘴附近熔化,熔滴过渡较 60 A 电流时稍有改善,但还是出现局部填充不足的情况,原因主要是焊丝熔化量不足,需增大焊接电流,继续改变熔滴过渡方式,形成良好的焊缝形态;当主路电流达到 74 ~ 78 A 时,焊缝成形明显改善,尤其在 76 A 时焊接过程稳定,熔滴在距离导电嘴 2 mm 左右呈射滴过渡,整个焊接过程稳定无飞溅,此时可获得良好的堆焊成形;随着主路电流的继续增大,整个焊道的热输入量增大,同时填充焊丝的熔敷率增大,导致焊道变宽,整体焊缝余高变小,成形较差。

4.2.2　主路电压对焊缝成形的影响

在电弧焊接过程中,电压主要影响的是焊接时弧长的长度,在一定范围内,随着主路电压的增大,弧长变长。在进行钢 – 铝异种金属焊接时,主路电压与焊接飞溅息息相关。旁路等离子 MIG 电弧焊接工艺耦合电弧由两个电弧形态决定,焊接过程中的耦合电弧主要与主路电压及旁路电流的参数有关。为探索主路电压对焊后成形的影响规律,在工艺试验中控制变量,改变主路电压的参数值,研究主路电压对焊缝成形的影响。不同主路电压下的焊缝成形见表 4 – 6。

表 4 – 6　不同主路电压下的焊缝成形

试件	主路电压/V	其他参数	焊缝成形	成形特点
1	15.6	$I_1 = 76$ A; $I_p = 55$ A; $V = 14$ mm/s; $q_1 = 15$ L/min; $q_2 = 1.2$ L/min; $h_1 = 5$ mm; $d_1 = 4$ mm		飞溅很大,焊缝参差不齐
2	16.0			飞溅较大,凹凸不平
3	16.2			飞溅减小,表面光滑但不均匀

表4－6(续)

试件	主路电压/V	其他参数	焊缝成形	成形特点
4	16.6			焊缝成形良好,平整无飞溅
5	17.0			焊缝较为光滑,出现咬边现象
6	17.4			焊缝较宽,凹凸不平,出现大量咬边

在实际工艺探索中,很难找到稳定的主路电压参数,一般情况是只能找到大致的合适电压参数,然后通过实时调节主路电压,直至飞溅减少、电弧稳定的焊接状态出现。从表4－6的焊缝成形可以看出,主路电压对焊缝成形的熔宽、余高影响不大;从焊接过程中发现,主路电压与电弧的稳定性有关。当主路电压为15.6 V时,电弧较短,为短路过渡的方式,整个焊接过程中飞溅较大,焊后焊道参差不齐,焊接过程中由于电弧太短,电流采集时旁路时有时无,稳定性差;随着主路电压的增大,焊缝表面逐渐变得光滑,整个焊接过程也趋于稳定,在主路电压达到16.6 V时,焊接过程稳定,熔滴为射滴过渡,在导电嘴外2 mm处稳定过渡,焊缝成形良好,无飞溅,无表面缺陷;当主路电压继续增大到17.0 V时,此时电弧太长,开始出现咬边现象,同时熔滴上移,在导电嘴附近过渡,焊接过程不稳定,出现焊接飞溅,在导电嘴及外保护罩上聚集;当电压增大到17.4 V时,焊缝成形凹凸不平,出现大量咬边现象,焊道表面变黑,焊缝较暗,焊缝成形效果很差。

4.2.3　旁路电流对焊缝成形的影响

在旁路分流电弧焊工艺中,旁路电流主要控制流经母材的电流大小,同时控制焊接过程中的电弧稳定。在旁路电流对焊缝成形影响规律的探索过程中,控制其他参数不变,进行五组工艺试验,不同旁路电流下的焊缝成形见表4－7。从表中可以看出,当旁路电流为40 A时,焊接飞溅很大,熔宽相对较宽;随着旁路电流的增加,焊接过程中的飞溅逐渐减少,稳定性加强;当旁路焊接电流为55 A时,整个焊接过程无飞溅,焊缝光滑、平整,未见表面缺陷;随着旁路电流的继续升高,焊接过程的稳定性变差,出现少量飞溅,熔宽变窄,成形较差。

表4-7　不同旁路电流下的焊缝成形

试件	旁路焊接电流/A	其他参数	焊缝成形	成形特点
1	40			飞溅较大,熔宽较宽
2	45	$I_1 = 76$ A; $U_1 = 16.6$ V;		飞溅较小,咬边现象严重
3	50	$I_p = 55$ A; $V = 14$ mm/s; $q_1 = 15$ L/min; $q_2 = 1.2$ L/min;		飞溅小,焊缝较为均匀,有咬边
4	55	$h_1 = 5$ mm; $d_1 = 4$ mm		成形良好,无飞溅,无焊接缺陷
5	60			焊道较窄,少量飞溅

对试验结果进行分析,发现依据旁路等离子MIG电弧焊接工艺原理,旁路电流的大小决定流经母材电流的大小。旁路电流为40 A时,流经母材电流过大,焊接热输入较大,故焊缝成形熔宽较宽,分析认为,焊接过程中由于旁路电流较小,旁路电路与主路电路耦合度不高,因此在焊接过程中出现旁路电流摇摆不定的现象。随着旁路电流的升高,分走电流值增大,流经母材电流变小,焊接热输入降低,当达到55 A时,旁路电流与主路电流协调平衡,焊接过程稳定,无飞溅产生,可以得到良好的焊缝成形。继续增大旁路电流,导致分走电流太大,耦合电弧上移,开始出现焊接飞溅,分析认为,此时焊丝的熔化热量大部分靠旁路电弧熔化,对电弧的吸

引力增强,导致电弧上升拉长,出现焊接飞溅,造成导电嘴上的铝飞溅聚集,不能使熔滴稳定过渡,造成焊缝成形变差。

4.2.4　焊接速度对焊缝成形的影响

设计五组不同焊接速度参数进行对比,探究焊接速度对焊缝成形的影响规律。表4－8给出了不同焊接速度下的焊缝成形。根据表内不同参数及焊缝成形可以发现,当焊接速度为 11.6 mm/s 时,焊缝熔宽变宽,整体余高较小,飞溅较大;当焊接速度达到 12.2 mm/s 时,焊缝熔宽变窄,仍有飞溅产生,出现咬边缺陷;继续增大焊接速度,焊接过程中飞溅较小,焊缝成形开始变得光滑、平整;焊接速度为 13.1 mm/s 时焊缝成形最佳;随着焊接速度的继续增大,焊缝成形变差,余高变高但成形不连续。

表 4 － 8　不同焊接速度下的焊缝成形

试件	焊接速度 /(mm·s⁻¹)	其他参数	焊缝成形	成形特点
1	11.6			焊接过程不稳定,熔宽较宽
2	12.2	$I_1 = 76$ A; $U_1 = 16.6$ V; $I_p = 55$ A; $q_1 = 15$ L/min; $q_2 = 1.2$ L/min; $h_1 = 5$ mm; $d_1 = 4$ mm		咬边,飞溅较大,熔宽变小
3	13.1			有较小飞溅,成形较好
4	14.0			成形良好,平整、光滑
5	14.6			有飞溅,表面不平整

对试验结果进行分析,发现焊接速度的快慢决定了焊接过程中单位时间内母材热输入量的变化,合适的焊接速度可以使焊丝在镀锌钢板上充分润湿铺展,得到成形良好的焊缝。当焊接速度变慢时,单位时间内的母材热输入量增大,区域内熔化焊丝量增加,熔化焊丝在焊缝中心向两侧润湿铺展形成较宽熔宽,同时,在热输入的作用下,单位时间内熔滴过渡集中,对熔池的冲击力产生大量的飞溅。随着速度的增加,焊丝的熔化、润湿铺展与焊接速度匹配时,就能达到平衡状态,获得良好的焊缝成形。随着焊接速度的继续增大,焊丝的熔化速度追不上焊接速度,造成熔池内填充焊丝不足,单位时间内母材热输入降低,在低温下,液态的金属润湿铺展性降低,加快了结晶凝固过程,造成焊缝余高变大,产生未熔合焊接缺陷。

4.3　本 章 小 结

本章主要进行了基于旁路等离子 MIG 电弧焊接工艺的镀锌钢上堆铝带工艺试验及参数优化,确定了钢－铝焊接的工艺方案流程,探索了各参数对焊缝成形的影响规律。本章具体总结如下:

(1)对于钢－铝异种金属的角焊缝焊接,可采用钢板上堆焊铝带再进行角焊缝焊接的方式,提高接头的力学性能。

(2)旁路等离子 MIG 电弧焊接工艺可实现钢－铝异种金属的可靠焊接。在进行铝带堆焊时,最佳工艺参数为:主路电流 I_1 为 76 A,主路电压 U_1 为 16.6 V,旁路电流 I_p 为 40 A,焊接速度 V_1 为 13 mm/s,保护气流量 q_1 为 15 L/min,等离子气流量 q_2 为 1 L/min,导电嘴高度 h_1 为 5 mm,导电嘴内径 d_1 为 4 mm。在进行角焊缝焊接时,最佳工艺参数为:主路电流 I_1 为 130 A,主路电压 U_1 为 18.8 V,旁路电流 I_p 为 25 A,焊接速度 V_1 为 11.6 mm/s,保护气流量 q_1 为 15 L/min,等离子气流量 q_2 为 1.2 L/min,导电嘴高度 h_1 为 5 mm,导电嘴内径 d_1 为 4 mm。

(3)进行旁路等离子 MIG 电弧焊接时,主路电流、主路电压、旁路电流、焊接速度等工艺参数对焊缝成形影响较大,其他参数微量变化时对焊缝成形影响较小。

第 5 章　钢－铝旁路分流 MIG 电弧烙钎焊接头组织与力学性能

5.1　焊接接头的宏观形貌

图 5 – 1 为钢－铝旁路分流 MIG 电弧熔钎焊接接头宏观形貌图。由图可知,在搭接接头的上部区域,铝合金母材局部区域熔融与熔化后的填充钎料混合,在局部范围内凝固成形。在接头部分,钢一侧未发生大量的熔化,在局部区域微熔,液态的填充钎料在微熔的钢母材表面润湿并铺展形成钎焊界面层,因而接头为典型的熔钎焊接接头形貌。

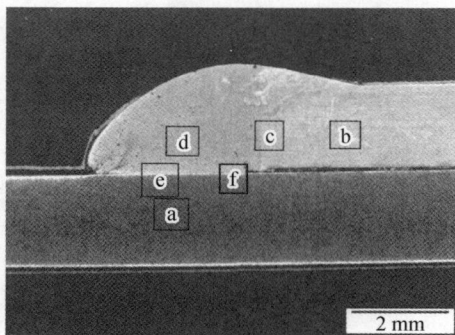

图 5 – 1　钢－铝旁路分流 MIC 电弧熔钎焊接接头宏观形貌图

焊缝截面的宏观形态与焊接热输入量有关,过大的热输入量会使填充钎料铺展充分,则熔宽变宽,熔高变小。反之,如果热输入量过小,熔宽变窄,熔高增加。合理的焊缝截面成形是保证接头力学性能的关键,因此控制焊接工艺参数尤为重要。在其他参数不变的基础上,改变焊接速度,其焊缝界面宏观形貌如图 5 – 2 所示。由图可知,随焊接速度的增加,作用于母材单位面积及熔化焊丝的热输入量会减小,导致接头熔宽变宽,余高增加。同时,过高的焊接速度会导致填充钎料在短时间内熔融凝固,因此未与母材结合,出现未融合等焊接缺陷。

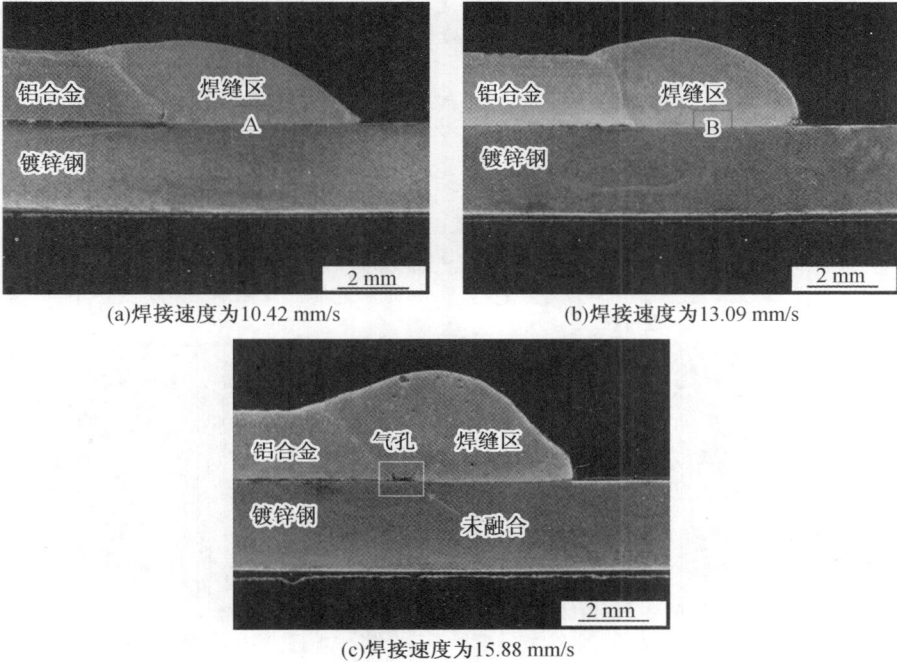

(a)焊接速度为10.42 mm/s

(b)焊接速度为13.09 mm/s

(c)焊接速度为15.88 mm/s

图 5 - 2　不同焊接速度下的焊缝界面宏观形貌

5.2　焊缝微观组织

焊缝微观组织的成形是决定接头性能的关键。图 5 - 3 为钢 - 铝旁路分流 MIG 电弧熔钎焊接头焊缝不同区域的微观组织形貌。由图可知,铝母材在热输入的作用下出现局部熔化,组织晶粒细化与填充钎料形成融合区[图 5 - 3(f)]。钢母材局部微熔,Al、Fe 元素通过热输入的作用相互渗透扩散,生成 Al - Fe 金属间化合物,从而形成钎合层[图 5 - 3(e)]。在钎合层上部,金属化合物局部呈现柱状晶形式,针状的柱状晶短而密集,在钎合层下部,钢母材没有明显熔化的痕迹,Al 母材元素也未见浸入钢基体改变其组织,但可以发现,钢基体受热影响严重,热影响区金相组织细化严重。在焊缝区域,熔融凝固后形成 Al - Si 共晶细密的网状组织,局部的网状组织晶枝较为粗大[图 5 - 3(d)]。另外,由图 5 - 3(c)可知,在融合区一侧铝母材热影响区较小,即组织界面的晶粒结构改变较小,晶体结构间隙维持稳定,保证了接头连接区域过渡平缓,同时也充分保证了此区域的力学性能。此外,钢母材组织中还具有一定量的杆状一次性强化相和细小颗粒状的二次强化相

[图 5 - 3(a)]。

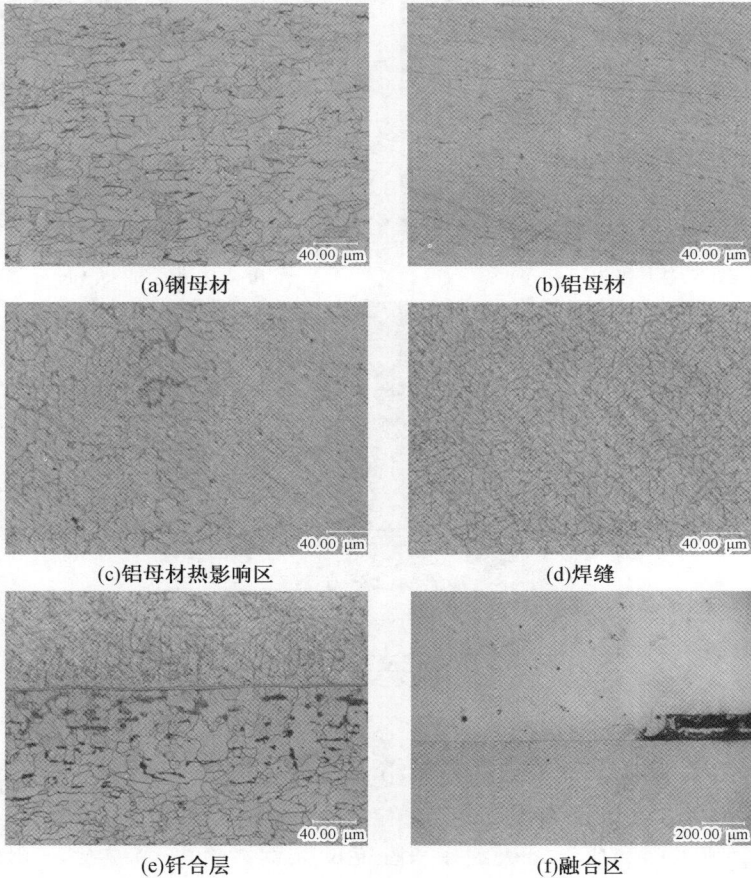

(a)钢母材

(b)铝母材

(c)铝母材热影响区

(d)焊缝

(e)钎合层

(f)融合区

图 5 - 3　焊缝不同区域的微观组织形貌

5.3　钎合界面层

基于 Al 与 Fe 在物理性能及化学性能方面的差异性,Al 与 Fe 参与反应的元素数量、两者之间形成的金属件化合物数量及由化合物构成的界面层厚度是影响接头结构性能的决定性因素。一定数量的金属间化合物及其合适的晶间结构是保证接头强度的基础,但金属间化合物数量过多,也会导致界面层的脆性增加,接头的力学性能下降。因此,界面间金属化合物的分析及元素变化分析非常重要。

5.3.1　界面组织元素分布

图 5 – 4 为焊接速度为 13.09 mm/s 时的界面组织扫描线能谱。图中右侧区域为铝母材区域，界面在空气中的氧化作用导致界面表面颜色加深。由图 5 – 5 可知，Fe 元素在界面层呈现急剧下降的趋势，而 Al 元素呈现相反趋势。Fe、Al 元素互相向对方扩散，导致其在界面层具有明显的渐变过程。Zn、Si 元素在钎合界面层中出现富集现象。在靠近界面层钢母材一侧，Fe 元素含量占比较大，在此区域易形成 Fe – Al、Fe – Zn 等金属间化合物，而在界面层靠近铝母材一侧，此区域 Al 元素含量比例较高，易形成 Fe – Al、Al – Zn 等金属间化合物，如图 5 – 5(a)所示。界面层中 Mn 元素主要分布在钢母材一侧，而在铝母材一侧含量极低，同时在靠近钢母材一侧，由于 Mn 元素的堆积易形成 Fe – Mn 等金属间化合物，如图 5 – 5(b)所示。

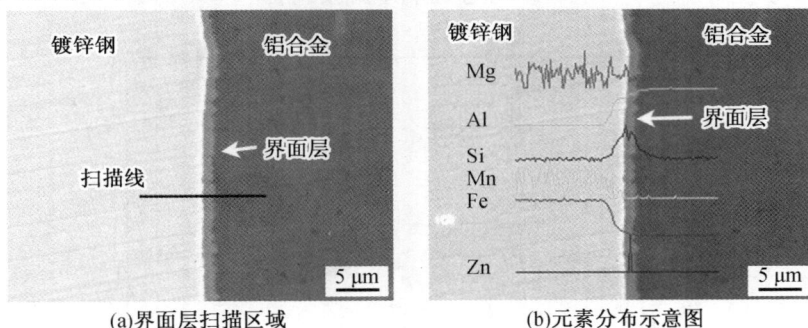

(a)界面层扫描区域　　　　　　　(b)元素分布示意图

图 5 – 4　界面组织扫描线能谱

由于 Si 元素在界面层中部富集，因此在界面层中极易形成 Al – Fe – Si 金属间化合物，通过界面层元素线性含量分布图（图 5 – 5）来看，形成的金属间化合物为 Al_5FeSi，即增强相 β 相。β 相的存在可有效阻止晶格周围间的错位运动，Si 元素钉扎晶界，可抑制亚晶移动，从而增加界面组织的硬度及提高接头的力学性能。此外，Si 元素本身具有较高的耐磨性能，界面层中 Si 元素的富集也会提升金属间化合物的硬度。

5.3.2　界面层组织成分

下面采用电子探针与 XRD 试验仪对不同参数下获得的焊缝界面层各区域进行界面生成相的具体分析。

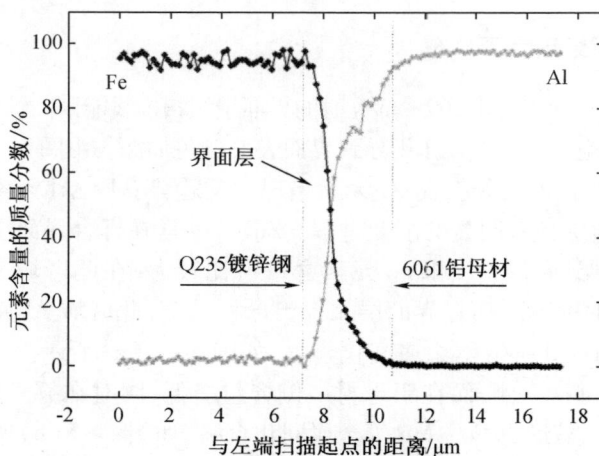

(a)Al、Fe元素分布曲线

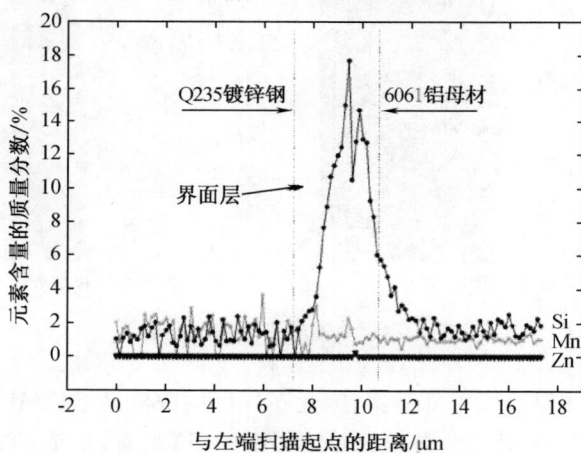

(b)Mn、Si与Zn元素分布曲线

图5－5　界面层元素线性含量分布图

首先,分别对铝侧已除去氧化部分的白色区域进行点能谱分析,图5－6分别为选取的两个不同区域A、B两点的点能谱分析试验结果。试验结果显示,其区域主要元素为Al、Fe及少量的Si,由此推断在白色区域已形成大量的Al－Fe金属间化合物。由图5－6中元素含量可知,A点Al的质量分数为71.39%,Fe的质量分数为20.42%,Si的质量分数为6.6%,Al和Fe的质量分数比大于3∶1,B点Al的质量分数为81.30%,Fe的质量分数为10.81%,Si的质量分数为5.48%,Al和Fe的质量分数比接近8∶1,初步推断,在此区域易形成$FeAl_3$、Fe_2Al_5等金属间化合物,还存在少量的 Al、Fe(由图 5 - 5 元素线性含量分布可证)。图 5 - 6 中深色区域为 Al 母材,其置于空气中被氧化,其物理性质表明该物质为 Al_2O_3。Si 元素在此区域细化了晶间结构,增强了组织结构性能,提升了组织的硬度。

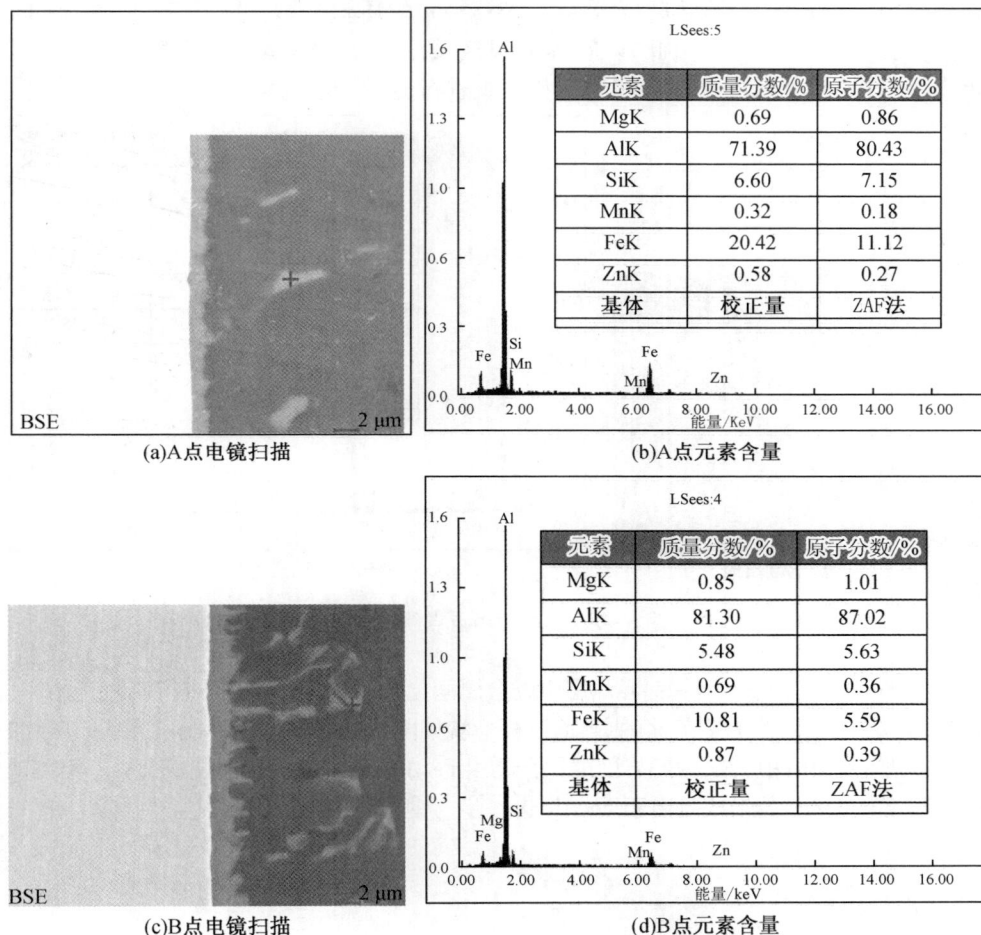

(a)A点电镜扫描

LSees:5

元素	质量分数/%	原子分数/%
MgK	0.69	0.86
AlK	71.39	80.43
SiK	6.60	7.15
MnK	0.32	0.18
FeK	20.42	11.12
ZnK	0.58	0.27
基体	校正量	ZAF法

(b)A点元素含量

(c)B点电镜扫描

LSees:4

元素	质量分数/%	原子分数/%
MgK	0.85	1.01
AlK	81.30	87.02
SiK	5.48	5.63
MnK	0.69	0.36
FeK	10.81	5.59
ZnK	0.87	0.39
基体	校正量	ZAF法

(d)B点元素含量

图 5 - 6　不同区域点能谱分析试验结果

对相关数据进行分析认为,Fe 原子扩散至液态 Al 内部,反应凝固后形成 $AlFe_3$ 等金属间化合物,由于界面中间层电弧热输入量低,导致在液态 Al 内部温度低,加热时间段 Fe 元素扩散数量及扩散速度都较低,因此形成的金属间化合物数量较少,即图示中白色区域较少。

下面进一步对界面层中点进行点能谱分析,如图 5 - 7 所示。由图可知,界面由连续的金属间化合物形成界面层,界面层靠近铝焊缝区一侧呈针状组织分布。界面中心元素以 Al、Fe 为主,含有少量的 Si、Zn 等元素,在界面层应形成Al－Fe 及 Al－Fe－Zn 等金属间化合物。从含量比例来看,Al 的质量分数为57.05%,Fe 的质量分数为37.86%,Si 的质量分数为 3.03%,Zn 的质量分数为1.19%,Al 和 Fe 的质量分数比大于 1.5∶1,由此判断,界面层区域形成 Fe_2Al_5 及 $Fe_2Al_5Zn_x$ 等金属间化合物,对界面中间层靠近铝侧的针状组织进行分析,发现其成分为 $AlFe_3$ 相。

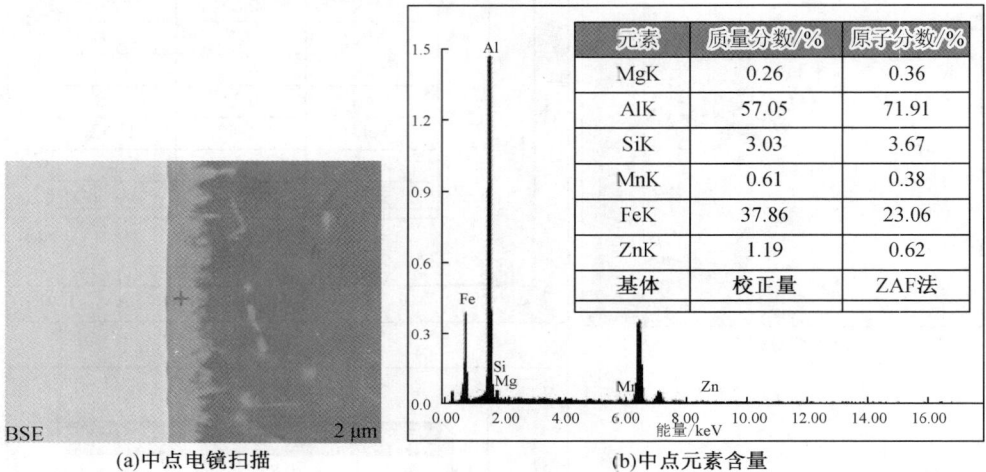

元素	质量分数/%	原子分数/%
MgK	0.26	0.36
AlK	57.05	71.91
SiK	3.03	3.67
MnK	0.61	0.38
FeK	37.86	23.06
ZnK	1.19	0.62
基体	校正量	ZAF法

(a)中点电镜扫描　　　　(b)中点元素含量

图 5－7　界面层中点点能谱分析

为进一步确定整个钢－铝界面层中的金属间化合物,将接头界面进行撕裂,分别对焊缝铝一侧及钢一侧的剥落面(剥落面试样形貌如图5－8)进行 XRD 测试,测试结果如图 5－9 所示。由图可知,中间界面层化合物由 $Fe_2Al_5Zn_{0.2}$、Fe、Al、Si 等相组成。相关文献表明,$Fe_2Al_5Zn_x$ 的形成是由于 Fe_2Al_5 进一步与钢表面熔融的锌层发生了反应。

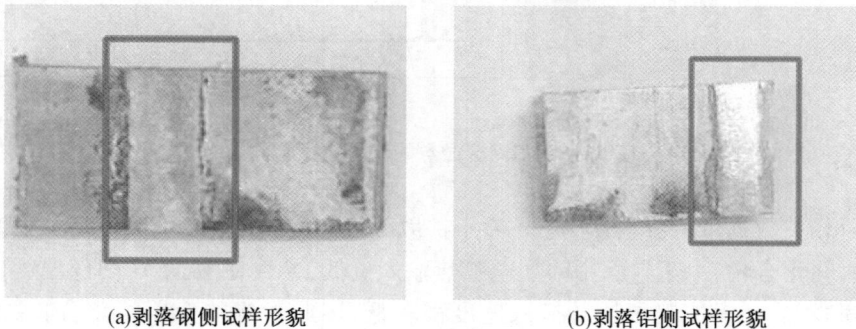

(a)剥落钢侧试样形貌　　　　　　(b)剥落铝侧试样形貌

图 5－8　剥落面试样形貌

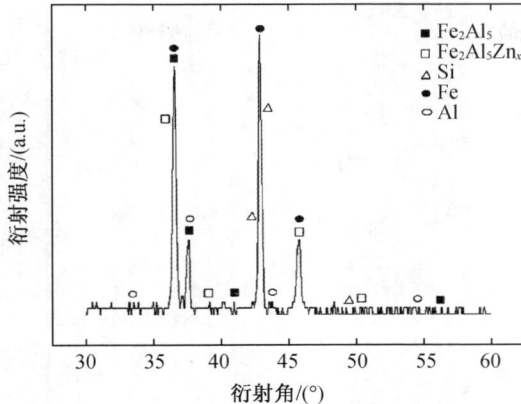

图 5 - 9　界面层 XRD 谱

5.3.3　焊接速度对界面层的影响

焊接速度与焊接过程中填充材料、母材的熔融润湿铺展及钎合界面层成形时元素的相互扩散息息相关。焊接速度直接影响界面层金属间的化合物形成,从而改变界面层厚度。填充钎料在熔化后润湿铺展于钢母材搭接处,与不同元素之间形成固溶相,从而形成界面层。元素之间的互溶使得在界面单位区域内元素含量在一定程度上变化,而元素含量的不同直接影响着焊接接头界面层成形与其质量。因此,界面层厚度是保证焊接接头力学性能的关键。合理的焊接速度,可使在焊接过程中形成稳定的元素融合区,保证焊接界面层厚度适宜是确保接头强度的前提。

图 5 - 10 为不同焊接速度下的接头界面层形貌及线扫描,由图可以发现,在其他参数不变的情况下,随焊接速度的增大,界面层厚度逐渐减小。当焊接速度从 10.24 mm/s 增加到 14.55 mm/s 时,明显看到界面层厚度从 4.0 μm 减小到 1.0 μm 左右(图 5 - 11)。

界面层厚度受焊接时提供热输入量的影响。当焊接速度较低时,能有效保证热输入量的供应,此时单位时间内作用于母材及熔融焊丝的热输入量大,高界面层温度充分保证了界面层各个元素之间的反应,同时使得大量化合物元素参与反应,生成的金属间化合物数量增加,使界面层的厚度得到充分保证。当焊接速度增大时,单位时间内作用于母材与熔化焊丝的热输入量低,速度增大到一定程度时,过低的热输入量不能保证填充焊丝的完全熔融,其熔后的凝固速度加快,降低了其在母材表面的润湿铺展性,影响了界面层之间的反应生成。

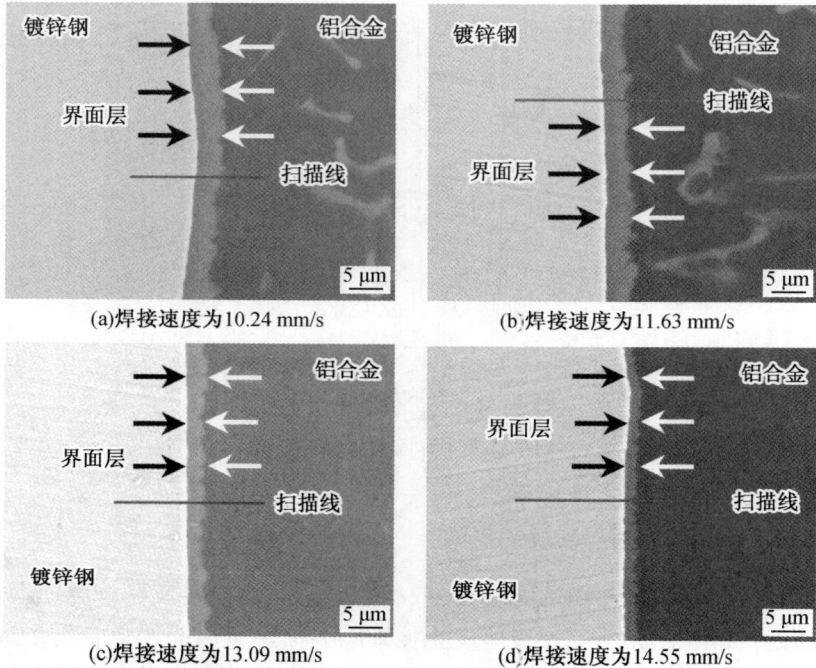

(a)焊接速度为10.24 mm/s　　　　　(b)焊接速度为11.63 mm/s

(c)焊接速度为13.09 mm/s　　　　　(d)焊接速度为14.55 mm/s

图5－10　不同焊接速度下的接头界面层形貌及线扫描

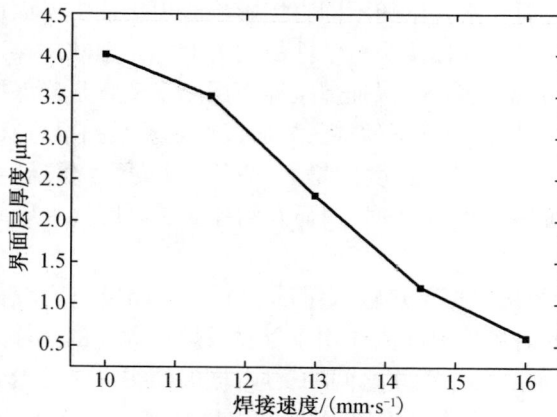

图5－11　焊接速度与钎合界面层厚度关系曲线

　　对试验结果进行分析,发现在焊接过程中,焊接速度的改变时刻影响着界面层元素相互扩散的速度,同时影响着单位区域内元素含量及其相互反应生成金属间化合物的数量,进一步决定了界面层的厚度。图5－12为不同焊接速度下界面层元素含量线性分布曲线。由图可以明显发现,虽然界面层中元素变化趋势较为相近,但其在线性区域内的含量存在差异,导致其厚度不同。这是由于当焊接速度较低时,母材热输入较大,界面层的温度也过高,对界面元素反应加热时间长,促使 Al 原子向钢母材内部深处扩散,同时促使 Fe 原子向 Al 母材内部深处扩散[图 5－12(a)(b)],元素相互扩散范围的加大使得在界面层能形成更多的金属间化合物,增加了界面层厚度。反之,过快的焊接速度降低了 Al、Fe 原子之间互相向内部扩散的速度,从而减少了 $FeAl_3$ 及 Fe_2Al_5 等金属间化合物形成的数量,进而降低了界面层的厚度。

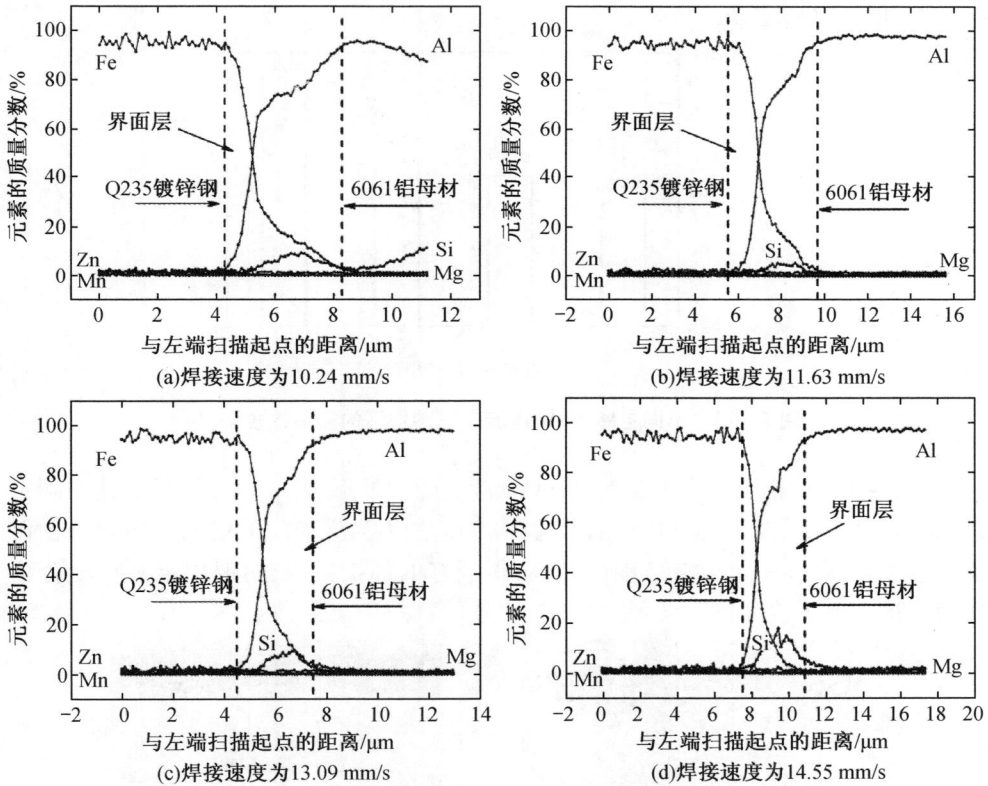

图 5－12　不同焊接速度下界面层元素含量线性分布曲线

5.4 不同参数下的接头拉伸强度分析

5.4.1 主路 MIG 焊接电流对接头拉伸强度的影响

图 5－13 为不同主路 MIG 电流工艺参数下的接头抗拉强度。由图可以发现，随着主路 MIG 电流的增加，接头的抗拉强度逐渐增大。焊接热输入量的增加，使填焊丝的熔敷率增大，焊缝熔宽变宽，同时，铝母材的融化量也增加了与焊缝界面的钎合，增大了接头的抗拉强度。

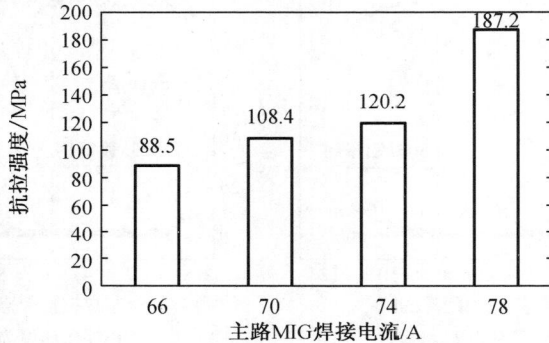

图 5－13　不同主路 MIG 电流工艺参数下的接头抗拉强度

图 5－14 为主路 MIG 电流为 74 A 时接头的拉伸形貌图。由图可知，接头断裂在铝母材处，说明接头具有较高的抗拉强度，这是因为界面间形成的金属化合物保证了接头强度，在一定电流范围内，能获得较好的焊接接头，对船用钢－铝复合结构的焊接电流工艺提供了参考。

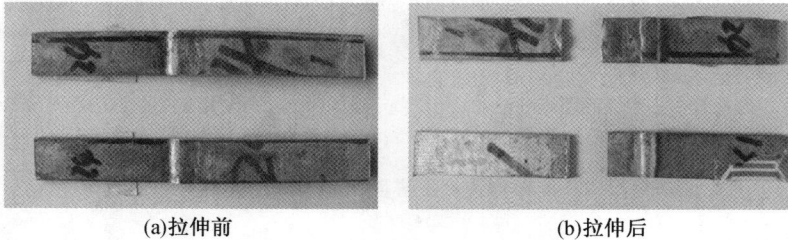

(a)拉伸前　　　　　　　　　　　　　(b)拉伸后

图 5－14　主路 MIG 电流为 74 A 时接头的拉伸形貌图

5.4.2　旁路 TIG 焊接电流对接头拉伸强度的影响

不同旁路 TIG 焊接电流工艺参数下的接头拉伸强度如图 5－15 所示,随着旁路 TIG 焊接电流的增大,接头的抗拉强度呈现先减小后增加的趋势。分析发现,旁路 TIG 电流的存在对于电弧热输入及焊接过程的稳定影响颇大,随着旁路 TIG 电流的增大,作用于母材的热输入量减小,容易使界面组织结合不均匀,导致接头力学性能下降。随着旁路 TIG 焊接电流的继续增大,焊接过程发生了改变,接头强度又出现了微增。

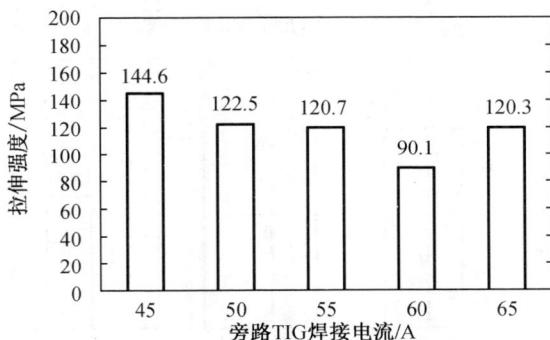

图 5－15　不同旁路 TIG 焊接电流工艺参数下的接头拉伸强度

图 5－16 为旁路 TIG 电流 65 A 时接头断裂的外观形貌图。由图发现,此时焊接接头断裂于焊缝与钢母材的交界处。这是因为此区域受到的热输入较小,母材与填充钎料的融合区较薄,组织间金属化合物未完全形成特定组织,导致接头强度较低。当断裂发生在接头热影响区时,接头强度会增加,这是因为热影响的组织为二次结晶组织,导致其硬度、强度略有增加。

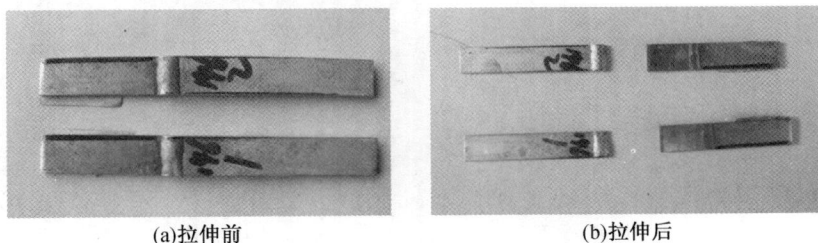

(a)拉伸前　　　　　　　　　　　　(b)拉伸后

图 5－16　旁路 TIG 电流为 65 A 时接头断裂的外观形貌图

5.4.3 焊接速度对接头拉伸强度的影响

图 5－17 为不同焊接速度下的接头抗拉强度关系示意图。由图可知,随着焊接速度的增大,焊接接头的抗拉强度先增大后减小。试验发现,在不同的焊接速度下,焊接时界面间形成的金属间化合物不同,从而导致整个界面反应层的厚度不同,接头强度出现变化。随着焊接速度在一定范围内的增大,热输入能保证母材与填充钎料的均匀熔融,使金属间元素充分反应生成厚度适宜的界面反应层,此时焊接缺陷少,接头强度高。随着焊接速度的继续增大,单位时间内母材与钎料不能充分熔融润湿铺展,接头处容易出现未钎合现象,影响焊接接头的强度。

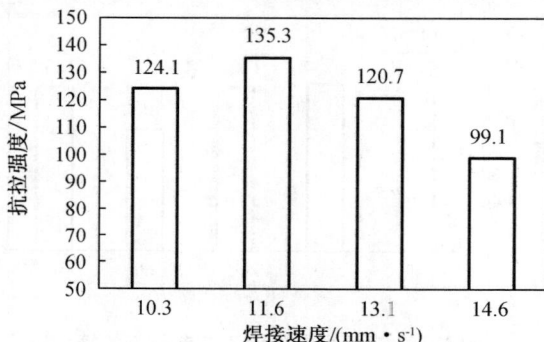

图 5－17　不同焊接速度下的接头抗拉强度关系示意图

图 5－18 为焊接速度为 14.55 mm/s 下的拉伸试件形貌图。由图可知,接头断裂于界面层,充分说明速度过大,熔融的填充钎料在短时间内无法与母材形成钎合面即界面层,从而使得接头的抗拉强度极低。过大的焊接速度使界面产生了未钎合现象,这是接头强度低的主要因素。

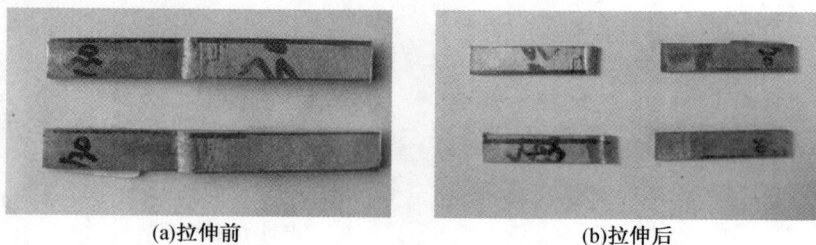

(a)拉伸前　　　　　　　　　　　　　(b)拉伸后

图 5－18　焊接速度为 14.55 mm/s 下的拉伸试件形貌图

5.4.4　钨极与焊丝间距对接头拉伸强度的影响

图 5 – 19 为不同钨极与焊丝间距下的接头抗拉强度图。由图可知,随着钨极与焊丝间距的增加,接头抗拉强度呈现变化的趋势,总体而言,钨极与焊丝间距在 4 mm 之内。接头抗拉强度大于 4 mm 以后,接头间距的拉大导致耦合电弧能量分散,焊缝组织热输入不均匀,界面层不能形成有效的厚度,导致焊接接头强度降低。

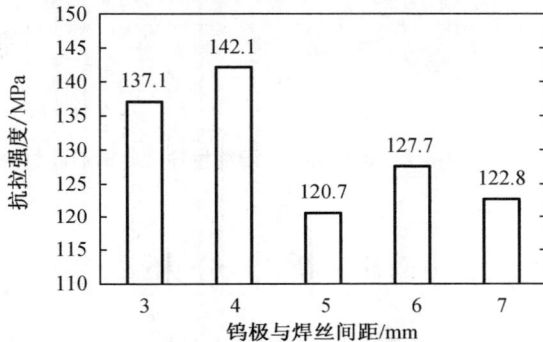

图 5 – 19　不同钨极与焊丝间距下的接头抗拉强度图

图 5 – 20 为 4mm 焊缝下拉伸试件形貌图。由图发现,接头断裂于焊缝与母材交界处,这是因为热输入量不足导致此处区域熔融薄弱,从而使接头强度降低。

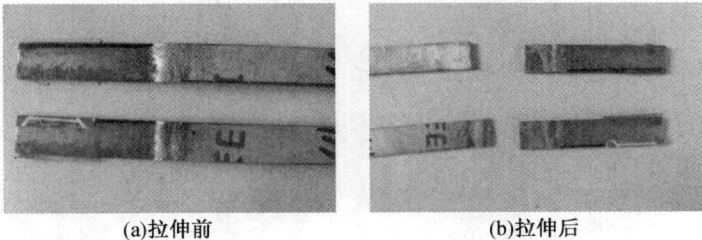

(a)拉伸前　　　　　　　　　　　　(b)拉伸后

图 5 – 20　4 mm 焊缝下拉伸试件形貌图

5.4.5　焊丝与钨极偏移量对接头拉伸强度的影响

对试验结果进行分析,发现钨极与焊丝处于搭接接头正中心时,焊缝形貌最为美观、均匀,此时接头质量相比较而言也最佳。图 5 – 21 为偏移量为 – 0.6 mm 时焊缝拉伸试件前后断裂形貌图。如图可知,接头断裂于焊缝界面层,焊缝强度值并不高。

对试验结果进行分析,发现最佳试件的接头抗拉强度达 187.1 MPa,与试验铝母材的强度(179.5 MPa)相比较已超出母材的强度值,而平均接头值为母材强度的80%左右,已达到实际生产的标准,表明此种方法能获得较高强度的焊接接头,对应用于船用钢－铝异种金属材料的焊接实际可行。

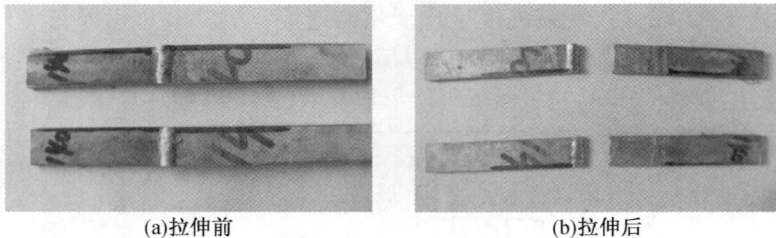

(a)拉伸前　　　　　　　　　　　　　　　(b)拉伸后

图 5 － 21　偏移量为 － 0.6 mm 时焊缝拉伸试件前后断裂形貌图

5.5　断 口 分 析

为了更深层次地了解焊缝接头断裂的方式,进一步研究焊缝搭接接头断裂的原因,需要对接头断口形貌进行观察分析。图 5 － 22 为拉伸接头断口形貌。由图可知,端口表面粗糙、凹凸不平且呈现蜂窝状,表明钢－铝旁路分流 MIG 电弧熔钎焊接接头断裂方式为韧性断裂。另外,如图 5 － 23 所示,在断口表面分布气孔,分析认为这些气孔是引起焊接接头断裂的主要原因。由于在焊接过程中,钢－铝过大的差异熔点使得在高温的作用下,铝合金氧化和蒸发的现象十分明显,金属蒸气在短时间内被熔融凝固在焊缝中,从而产生大量的气孔,因此弱化了接头的力学性能。优化工艺参数、控制界面温度是减少接头气孔产生的关键因素,而旁路电流的作用在此过程中显得十分明显。

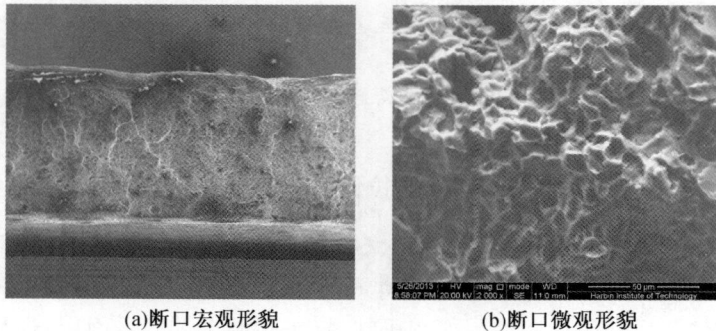

(a)断口宏观形貌　　　　　　　　　　　　(b)断口微观形貌

图 5 － 22　拉伸接头断口形貌

图 5 - 23　断口表面气孔分布

5.6　硬度性能分析

采用 HXD - 1000TM 型显微硬度测试仪对钢 - 铝旁路分流电弧熔钎焊接头界面的硬度进行测量,如图 5 - 24 所示。整体来看,接头钎合界面处的硬度要大于母材的硬度,此种焊接方法充分提升了界面钎合层的拉伸强度。

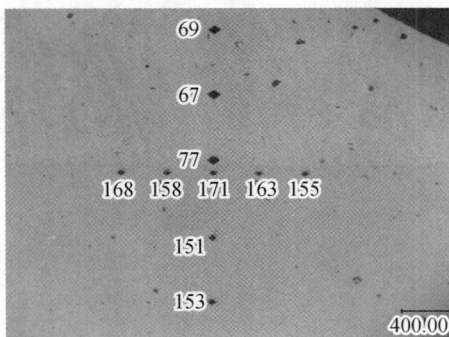

图 5 - 24　界面硬度微观图

由图 5 - 25 所示的界面硬度变化曲线可知,在整个接头界面区内,硬度变化分为三个区域,即焊缝区、钢母材一侧热影响区和钢母材区。沿着填充钎料焊缝区至钢母材区域,接头硬度先增加后减小至趋于平缓,在焊缝界面层区域硬度达到最大,如图 5 - 25(a)所示。初步发现,这是因为在界面层内填充钎料与钢母材熔融凝固形成新的界面间化合物,从而提升了接头硬度,这也是 Al、Fe 元素相互向对方区域扩散的结果。另外,在焊接过程中快速加热及快速冷却使界面组织显微得到细化,也会导致界面层的硬度值增加。由图 5 - 25(b)可知,界面层的硬度变化呈现随机状态,这是因为热输入导致界面层金属间化合物成形分布不均匀。

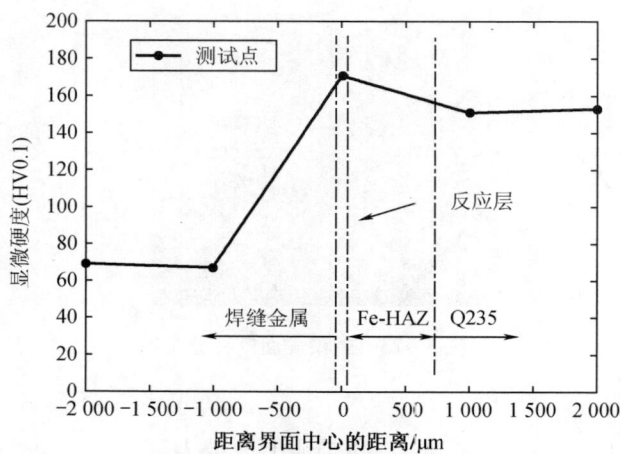

(a)界面纵向硬度分布

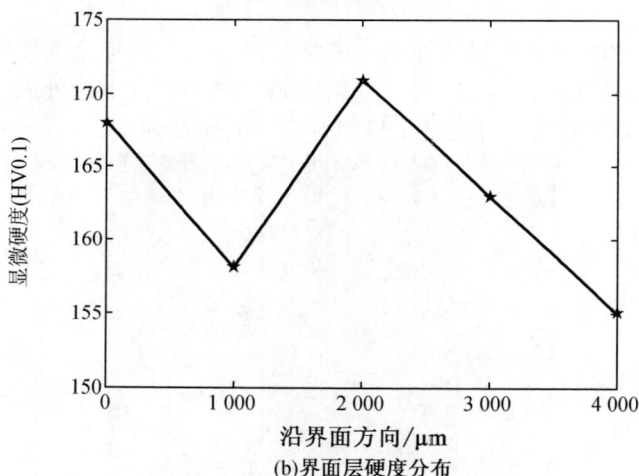

(b)界面层硬度分布

图 5－25　界面硬度变化曲线

图 5－26 为焊缝区硬度分布示意图。由图可知,沿着焊缝至铝母材区(图示由右向左),焊缝区硬度逐渐减小,如图 5－26(b)所示。对试验数据进行分析,可知填充钎料经过熔融凝固后,其内部组织晶粒细化,改变了金属间化合物的结构,增强了焊缝的硬度。由于焊缝靠近母材一侧比远离母材一侧厚度厚,因此在热输入的作用下,远离母材一侧熔融更彻底,结构更细化均匀;而靠近母材一侧,一部分热量用于熔融母材,剩余热量不完全熔融填充钎料,因此焊缝硬度由远离铝母材一侧至靠近铝母材逐渐减小。

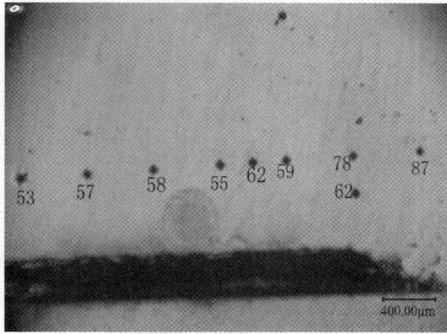

(a)焊缝区硬度分布微观图

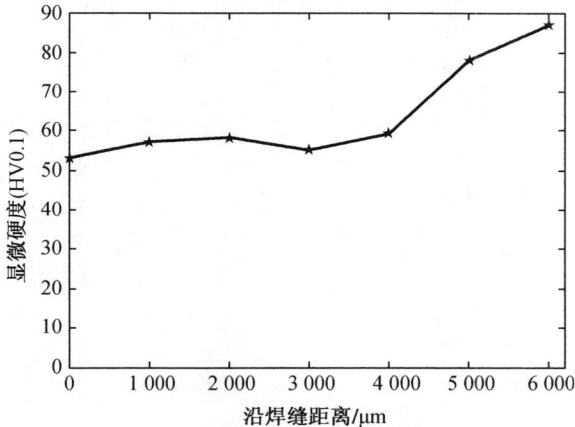

(b)焊缝区硬度分布曲线

图 5 – 26　焊缝区硬度分布示意图

5.7　本 章 小 结

　　本章对钢－铝旁路分流 MIG 电弧熔钎焊接接头在抗拉载荷作用下的力学性能及其破坏形式进行了分析,对焊缝接头断口形貌及焊缝界面硬度进行了阐述。本章内容总结如下:

　　(1)在不同参数工艺下,接头抗拉强度的变化也不同。在一定工艺参数范围内,随主路 MIG 焊接电流的增大,接头抗拉强度逐渐增大;随旁路 TIG 电流的增大,接头抗拉强度先减小后增大;随焊接速度的增大,接头抗拉强度先增加后减小;随钨极与焊丝间距的增大,接头抗拉强度增大呈现变化的趋势,焊丝与钨极处于焊缝正中接头成形时抗拉强度最大。对试验结果进行分析,发现焊接接头的最大抗拉强度(187.1MPa)已超过试验铝母材的最大抗拉强度(180.6 MPa),此时接头断裂于铝母材区域。

(2)由接头断口形貌发现,端口表面凹凸不平,布满韧窝,接头断裂方式明显为韧性断裂。另外,断口表面有大量气孔,分析发现气孔是引起此焊接接头断裂的主要原因。

(3)硬度测试结果显示界面区内硬度变化分为三个区域,即焊缝区、钢母材热影响区和钢母材区。沿着填充钎料焊缝区至钢母材区域,接头硬度先增加后减小至趋于平缓,在焊缝界面层区域硬度达到最大;在焊缝区内,硬度由焊缝至铝母材区界面逐渐减小。硬度的变化与不同热输入作用下界面金属间化合物的成形及元素扩散有关。

第6章 旁路等离子 MIG 焊接头组织与力学性能分析

6.1 焊接接头宏观形貌分析

最优参数下的钛－钢、钢－铝旁路等离子 MIG 焊接头宏观形貌如图 6－1 所示。根据图 6－1(a)所示,左侧为 304 不锈钢,右侧为 TC4 钛合金,填充钎料与母材钎合程度良好,钎料在母材正面及背面润湿铺展良好,未见明显焊接缺陷。铜钎料与不锈钢界面层不明显,铜钎料与钛合金一侧界面层明显,对相关试验数据分析可得由于铜与铁液态无限互溶,固态有限互溶,不生成金属间化合物,铜与钛液态无限互熔,因此该现象与固态产生 Cu－Ti 金属间化合物有关。如图 6－1(b)所示,钢－铝 T 型接头形式良好;角焊缝时,焊缝与铝母材、铝带熔合线明显,未见明显的焊接缺陷。根据钛－钢、钢－铝异种金属宏观接头形貌可知,旁路等离子 MIG 焊接技术可实现钛－钢、钢－铝异种金属接头的良好焊接。接下来通过钢－铝异种金属焊接过程中工艺参数变化对焊缝宏观影响规律分析旁路等离子 MIG 焊接的工艺影响机制。

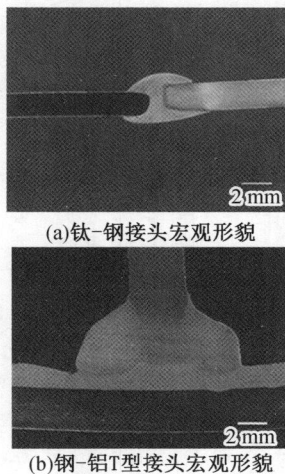

(a)钛-钢接头宏观形貌

(b)钢-铝T型接头宏观形貌

图 6－1 最优参数下的焊接接头宏观形貌

6.1.1 主路电流对焊缝宏观形貌的影响

下面在不同主路工艺参数下,对不同的宏观外貌进行分析,如图 6－2 所示为不同主路电流下的焊缝宏观形貌。随着电流的升高,焊缝余高变化不大,熔宽变宽,在电流达到 78 A 之前,熔深基本为 0,当主路电流达到 78 A 后随着主路电流的增加,熔深加大。对相关数据进行分析可得主路电流的增大导致弧柱直径变大,造成焊缝熔宽变宽;同时随着主路电流的增加,在其他参数条件不变的情况下,单位时间内电弧对母材的热输入变大,造成熔深加深。

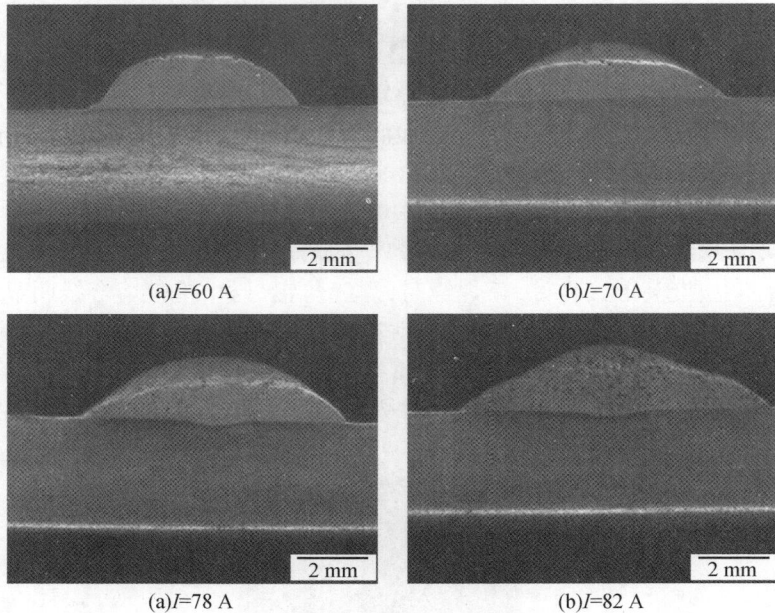

(a)I=60 A   (b)I=70 A

(a)I=78 A   (b)I=82 A

图 6－2　不同主路电流下的焊缝宏观形貌

6.1.2 主路电压对焊缝宏观形貌的影响

在工艺试验过程中,保持其他基本参数不变,通过改变主路电压参数探究其对焊缝宏观形貌的影响。在图 6－3 中,对焊缝宏观形貌及焊接工艺参数进行分析可得,随着焊接主路电压的升高,焊缝熔深变小,熔宽与余高基本变化不大。对相关数据进行分析可得,焊接过程中,当主路电压小于 16.0 A 时,焊接过程实时采集中显示未出现旁路电弧,此时焊接热输入较大,熔深较深;当旁路电弧稳定产生,整个焊接过程趋于稳定时,随着主路电压的升高,焊缝宏观余高略有减小,熔宽略有增大,分析认为,在小范围内调节主路电压后,随着主路电压的升高,电弧热源半径变大,熔宽有所增大,同时作用于母材的热量密度降低,熔深变小。

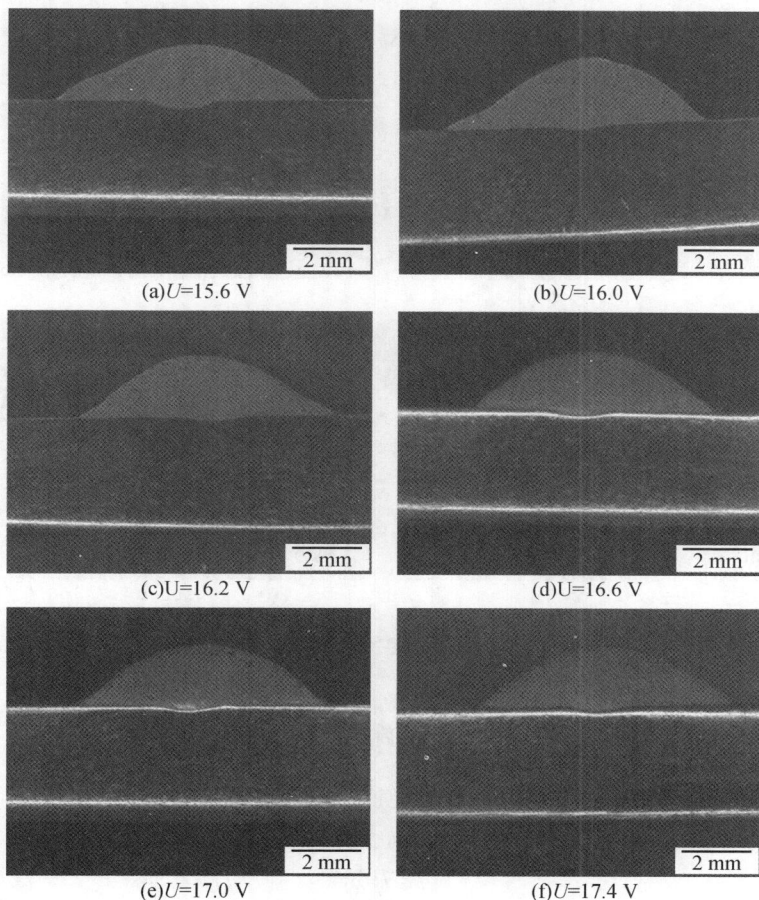

(a)U=15.6 V

(b)U=16.0 V

(c)U=16.2 V

(d)U=16.6 V

(e)U=17.0 V

(f)U=17.4 V

图 6−3　不同主路电压下的焊缝宏观形貌

6.1.3　旁路电流对焊缝宏观形貌的影响

在旁路等离子 MIG 焊接工艺中,旁路电流的存在对于稳定焊接过程,降低焊接时母材热输入具有重要意义。在焊接过程中当其他参数不变时,旁路电流变化对应的焊缝宏观形貌如图 6−4 所示。由图可知,随着旁路电流的升高,焊缝熔深减小,余高升高,熔宽降低。对相关实验数据分析,可得焊接时作用于母材的热输入由过热状态的熔滴对母材的热输入和阴极热共同组成,随着旁路电流的增加,通过母材上的电流降低,根据相关热输入机制可知,此时焊接热输入降低,造成熔深减小,余高升高,熔宽降低的现象。

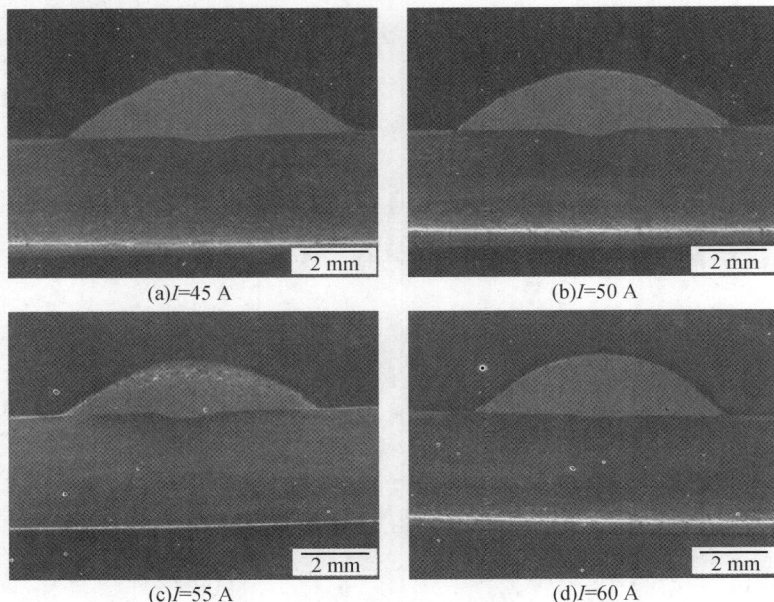

(a)I=45 A   (b)I=50 A

(c)I=55 A   (d)I=60 A

图 6－4   不同旁路电流下的焊缝宏观形貌

6.1.4   焊接速度对焊缝宏观形貌的影响

在旁路等离子 MIG 焊接工艺中焊接速度主要影响焊接过程中作用在母材的线能量。线能量计算公式为

$$q = IU/v \qquad\qquad (6-1)$$

式中,I 为电弧电流;U 为电弧电压;v 为焊接速度。

根据公式(6－1)可知,随着焊接速度的增加,线能量减少,对母材热输入减小,根据图 6－5 可知,在焊接速度变化不大的情况下,焊接速度对熔深的影响不大,主要影响焊缝的熔宽和余高,焊接速度较小时,线能量较大,焊丝熔化后,形成较宽熔宽,随着焊接速度的增大,线能量减小,熔宽和余高均有减小。对相关试验数据进行分析,可得在进行旁路等离子 MIG 焊接过程中,控制焊接速度的大小,可以有效控制焊接后熔宽和余高的大小,合理的焊接速度可以在提高生产速度的同时保证焊接质量,预防焊接缺陷的产生。

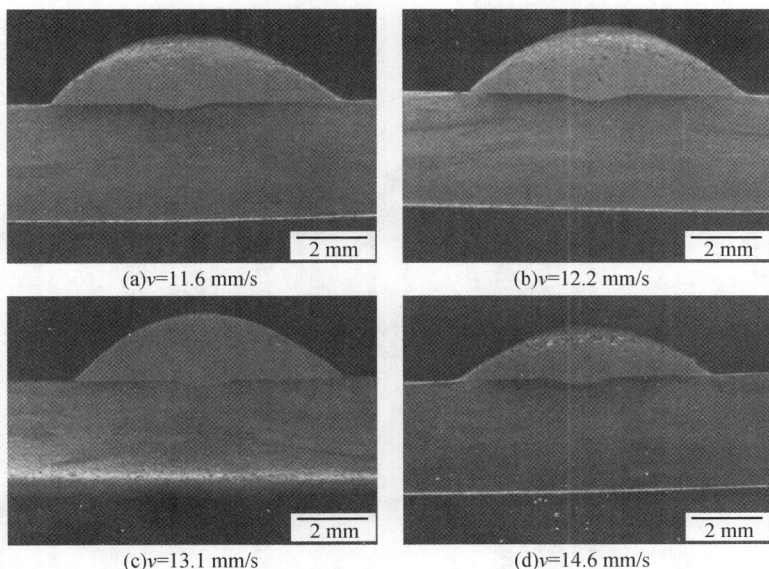

(a)v=11.6 mm/s　　　　　　　(b)v=12.2 mm/s

(c)v=13.1 mm/s　　　　　　　(d)v=14.6 mm/s

图 6 - 5　不同焊接速度下的焊缝宏观形貌

6.2　焊接接头微观组织分析

图 6 - 6 为钢 - 铝异种金属焊接接头的微观形貌,可以发现图 6 - 6(a)中 5083 铝母材与 4043 铝焊缝和 5183 铝焊缝熔合线明显,熔合线附近出现不同尺寸晶粒。在图 6 - 6(b)中可以看出 4043 铝焊缝以网状组织为主,夹杂第二相,5183 焊缝区存在柱状晶和等轴晶两种相组织。当进行角焊缝焊接时 4043 铝带可视为焊接母材,5183 铝在焊缝熔合线处以粗大柱状晶为主,靠近焊缝区晶粒尺寸变小。在图 6 - 6(c)中 5083 铝合金母材与 5183 焊缝熔合线明显,母材区未见明显的晶粒细化相,焊缝区柱状晶组织与 4043 铝侧相比更窄,主要由网状等轴晶组成。在图 6 - 6(d)焊缝区可以明显地观察到晶粒有细密网状晶向粗大柱状晶的转化过程。分析微观下柱状晶的形成过程,根据焊缝凝固结晶特点分析可知,由于铝合金的热传导率较高,伴随着旁路等离子 MIG 焊接的拘束电弧,产热较为集中,对于焊接过程中熔池的冷却速度较大,过热状态下的金属结晶时在与母材结合处(此时的位置应该为 4043 铝带)形成柱状晶。为探究不同工艺参数对等离子分流复合焊接工艺微观界面的影响规律,以钢 - 铝异种金属焊接接头为研究对象,探究微观层次上的焊接工艺参数影响机制。

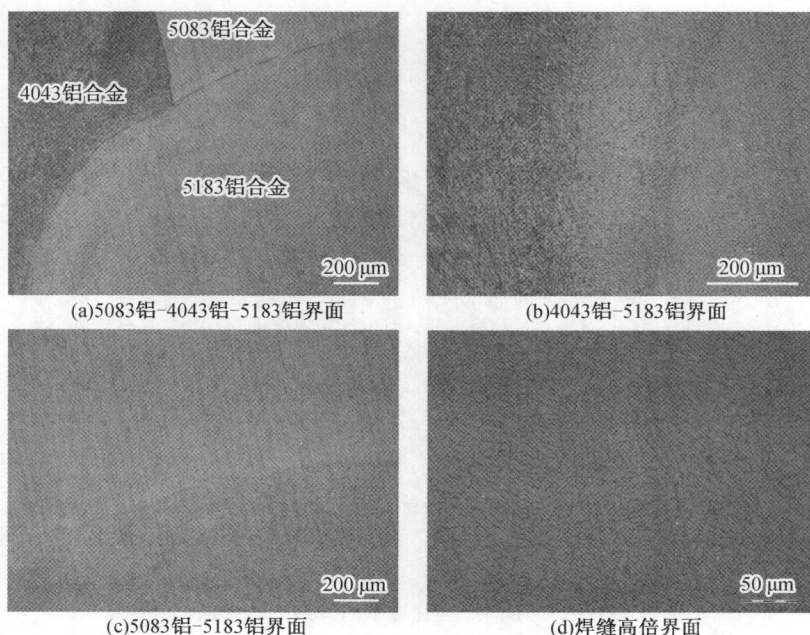

(a)5083铝-4043铝-5183铝界面

(b)4043铝-5183铝界面

(c)5083铝-5183铝界面

(d)焊缝高倍界面

图6－6 钢－铝异种金属焊接接头微观形貌

6.2.1 主路电流对焊缝微观组织的影响

为探究主路电流对焊缝微观界面组织的影响规律,取不同主路电流下的焊缝微观组织图如图6－7所示。根据微观图显示,钢－铝界面在钢一侧晶粒细化严重,随着焊接速度的提高,细晶区组织宽度明显增大,在细晶区夹杂着第二相,随着主流电流的增加第二相夹杂明显且更加密集,分析可知由于主路电流的增加,焊接热输入提高,对钢基体热影响区的晶粒细化作用加强,并在细晶周围产生第二相夹杂。

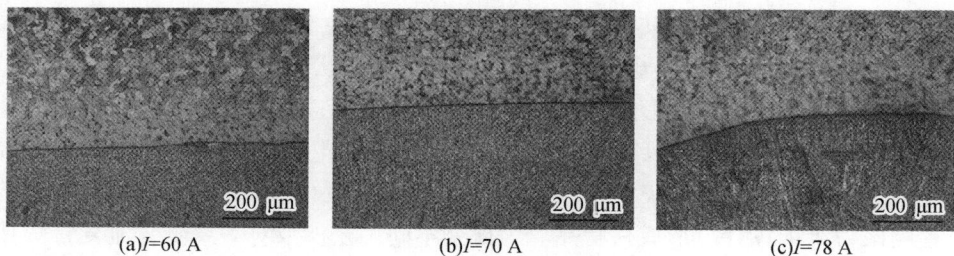

(a)I=60 A

(b)I=70 A

(c)I=78 A

图6－7 不同主路电流下的焊缝微观界面组织

6.2.2　主路电压对焊缝微观组织的影响

为探究主路电压对焊缝微观界面组织的影响规律,取不同主路电压下的焊缝微观界面组织图如图 6-8 所示。根据微观图显示,随着电压的变化微观组织中界面层的变化较为明显,当主路电压为 15.6 V 时,界面层厚度较厚,且伴随有大枝状晶的生成,此时电弧长度较小,焊接时以短路过渡为主,旁路电流不稳定,对热输入调节作用不明显,焊接热输入量较大,产生了较为明显的界面层,在冷却过程中大枝状晶的组织形貌指向焊缝中心,此时第二相组织不明显。随着主路电压的升高,第二相夹杂较为明显,并且密集程度随焊接主路电压的升高而增加。在主路电压为 16.0 V 时,由于焊接过程的不稳定,出现了微气孔的焊接缺陷,对相关实验数据进行分析,可得合适的电压参数可以稳定焊接过程,减少焊接缺陷,并且可以提高焊缝强度。

(a)U=15.6 V　　　　　(b)U=16.0 V　　　　　(c)U=16.4 V

图 6-8　不同主路电压下的焊缝微观界面组织

6.2.3　旁路电流对焊缝微观组织的影响

为探究旁路电流对焊缝微观组织的影响规律,取不同旁路电流下焊缝微观组织形貌如图 6-9 所示。根据微观图显示,旁路电流的变化主要影响钢母材处细晶区的范围,随着旁路电流的增加,钢母材细晶区范围减小,分析认为该现象与旁路分流作用导致母材热输入量降低有关。在旁路等离子 MIG 焊接工艺工程中,旁路电流的大小主要负责稳弧,控制焊接稳定性与焊接热输入,调节母材性能。随着旁路电流的增加可以看到在电流强度达到 60 A 时,铝焊缝与钢母材结合性较差,存在较长的裂纹焊接缺陷。对相关试验数据分析,可得此时的焊接旁路电流较大,导致焊丝的熔化需要借助旁路电弧的热源,从电弧压力的角度分析,此时对于电弧的向上吸力较大,熔滴到达熔池过程中润湿铺展性不足以与钢母材充分结合,从而导致裂纹焊接缺陷的产生。

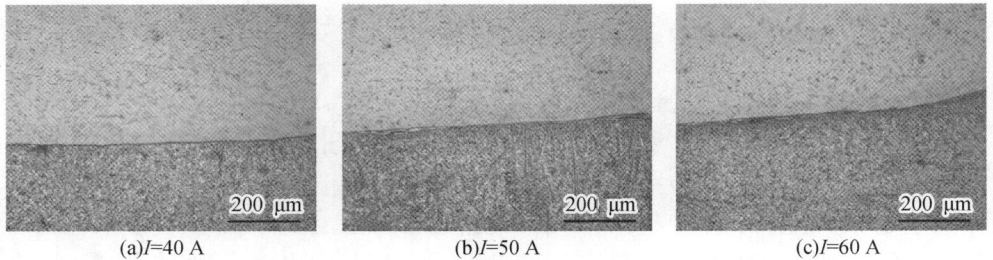

| (a)I=40 A | (b)I=50 A | (c)I=60 A |

图 6 – 9　不同旁路电流下焊缝微观组织形貌

6.2.4　焊接速度对焊缝微观组织的影响

　　为探究焊接速度对焊缝微观界面组织的影响规律,取不同焊接速度下的焊缝微观组织形貌如图 6 – 10 所示。根据微观图显示,随着焊接速度的增加,钢侧细晶范围明显变化,细晶区缩小,分析认为主要受焊接热输入量的影响,焊接速度较大时,单位时间内对母材热输入量较小,此时钢基体热影响区细晶区较窄,随着焊接速度降低,对母材的热输入量较大,产生较宽范围的细晶区。对相关试验数据进行分析可得对于钢 – 铝旁路等离子 MIG 焊接过程,要控制焊接速度范围,控制焊接热输入量对母材的影响,提高母材与焊缝之间的结合强度,有利于钢 – 铝增加角焊缝的强度。

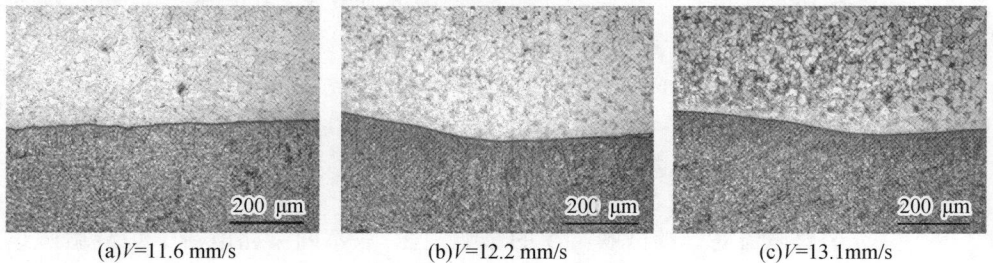

| (a)V=11.6 mm/s | (b)V=12.2 mm/s | (c)V=13.1mm/s |

图 6 – 10　不同焊接速度下的焊缝微观组织形貌

6.3　焊缝成分分析

　　下面对焊缝区组织采用电子探针分析化合物成分,对钛 – 钢拉伸断口和钢 – 铝接头弯曲界面进行 XRD 分析。

　　镀锌钢 – 4043 铝带界面成分分析如图 6 – 11 所示,在 4043 铝带中出现白色组织,钢 – 铝之间存在连续界面层。在图 6 – 11(b)元素分布曲线示意图中可以看到,Q235 各元素相对稳定分布,这与 Q235 镀锌钢所含元素种类有关,在界面层存在第一个梯度变化,此时 Al 元素上升到第一阶梯,Fe 元素下降,Si 元素也存在上升稳定区,分析认为,这是因为部分区域主要富集 Al、Si、Fe 等金属间化合物所致。在图 6-11 的(c)(d)(e)中,由 A、B、C 区域的元素含量可知,在 A 点连续界面层中 Al 的质量分数(48.49%)与 Fe 的质量分数(46.90%)比约为 1∶1,Si 的质量分数为2.95%,Zn 的质量分数为 1.66%;在 B 点白色枝状组织中的 Al 的质量分数(72.61%)与 Fe 的质量分数(17.10%)比约为 4∶1,Si 的质量分数为 9.86%,分析认为此白色组织区域可能形成 $FeAl_3$、Fe_2Al_5 等金属间化合物;在 C 点深灰色区域 Al 的质量分数(95.91%)、Fe 的质量分数(2.20%)、Si 的质量分数(1.89%),分析此部分区主要为 4043 焊缝区,因为 Fe 的扩散,导致该部分区域的 Fe 元素稍高。经过分析该界面线扫描及局部组织点扫描能谱图,可知钢 - 铝界面层可能富含大量 FeAl、$FeAl_3$、Fe_2Al_5 等 Al - Fe 金属间化合物,同时根据 Si 元素的含量,认为 Si 元素在钢 - 铝界面层的作用主要是细化晶间结构,其可提高接头的组织性能。

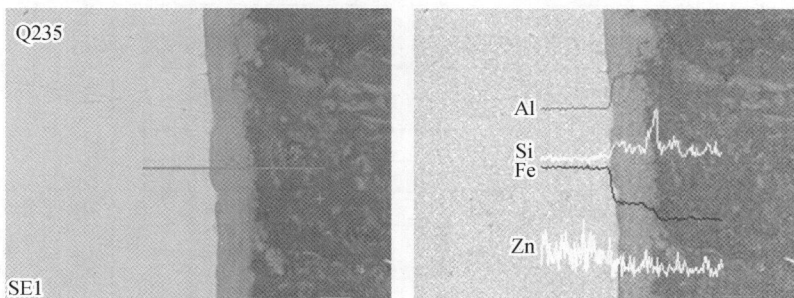

(a)钢-铝接头界面扫描图　　　　　　(b)元素分布曲线示意图

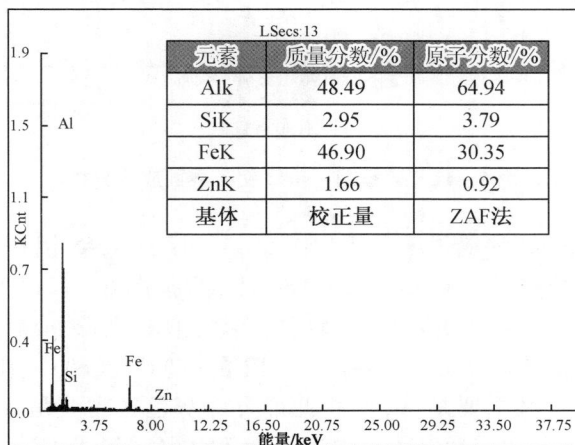

元素	质量分数/%	原子分数/%
Alk	48.49	64.94
SiK	2.95	3.79
FeK	46.90	30.35
ZnK	1.66	0.92
基体	校正量	ZAF法

(c)A点元素含量

元素	质量分数/%	原子分数/%
Alk	72.61	80.21
SiK	9.86	10.46
FeK	17.10	9.13
ZnK	0.43	0.19
基体	校正量	ZAF法

(d)B点元素含量

元素	质量分数/%	原子分数/%
Alk	95.91	97.08
SiK	1.89	1.84
FeK	2.20	1.07
ZnK	0.00	0.00
基体	校正量	ZAF法

(e)C点元素含量

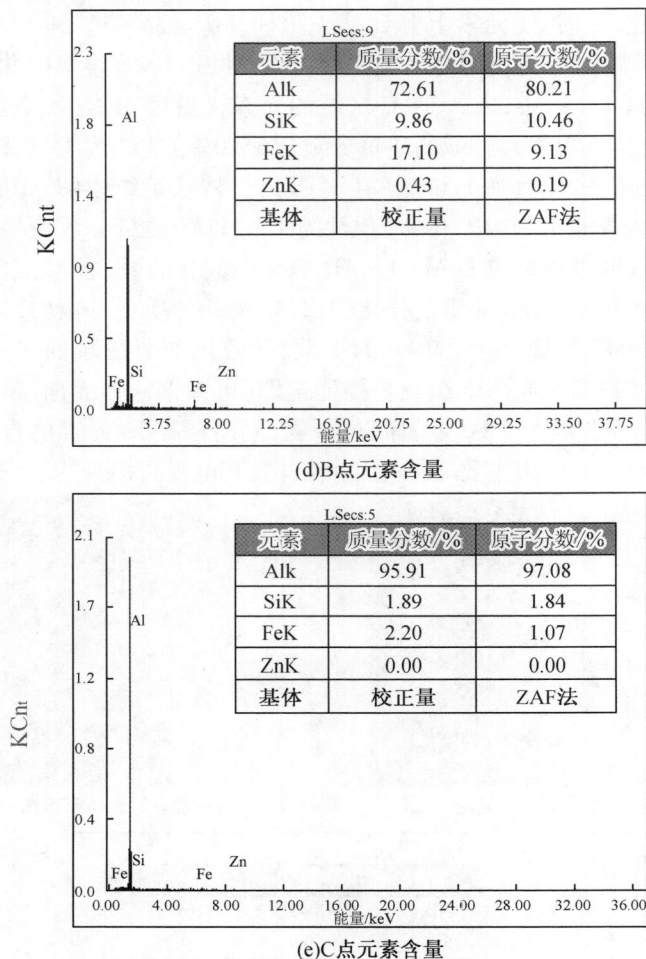

图 6－11　镀锌钢－4043 铝带界面成分分析

　　4043 铝带与 5183 焊缝界面分析如图 6－12 所示，4043 铝一侧存在大量白色柱状晶组织，在熔合线附近出现白色块状组织。根据图 6－12(b)，Al 元素变化不明显，Si 元素分布的三个峰主要是焊缝区的白色组织区，Fe 元素的变化趋势与 Si 元素基本一致，存在三个富集区。在图 6－12 的(c)(d)(e)中，由 A、B、C 区域的元素含量可知，在 A 区主要是 Al，分析此部分深灰色区主要是 α(Al)；在 B 区域中，Al 元素与 Fe 元素的质量分数比约为 3∶1(70.06%∶24.93%)，分析认为此部分区域可能是由于角焊缝焊接过程中，Fe 元素继续扩散到该区域形成 $FeAl_3$ 金属间化合物，由于扩散范围的限制形成了与焊缝组织平行的条带组织；在 C 处的能谱元素分析中,Al 元素与 Fe 元素的质量分数比约为 3∶1(64.56%∶27.10%),分析认为该区域依然为 $FeAl_3$ 等 Fe – Al 金属间化合物形成的白色相,该部分的 Fe 元素的质量分数相比 B 区域的 Fe 元素的质量分数稍高,分析是因为随着焊缝距离的增加,Fe 元素的扩散溶解度下降,导致 B 区的 Fe 元素的质量分数稍低。

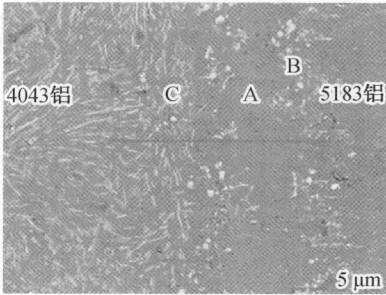

(a)4043铝-5183铝界面扫描图

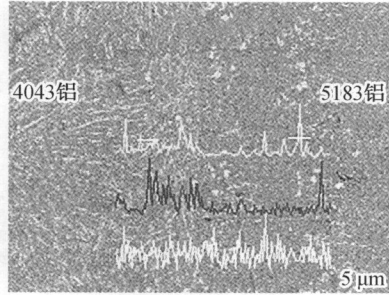

(b)元素分布示意图

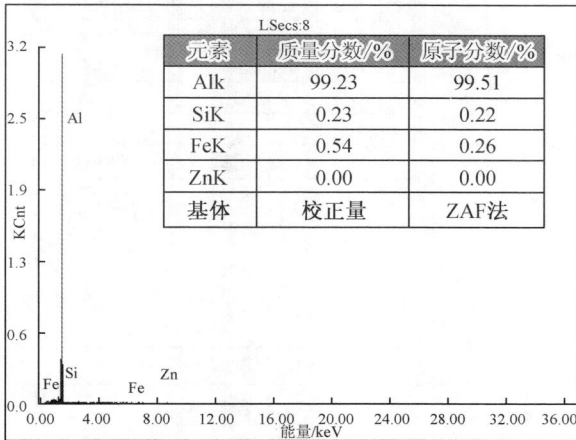

元素	质量分数/%	原子分数/%
Alk	99.23	99.51
SiK	0.23	0.22
FeK	0.54	0.26
ZnK	0.00	0.00
基体	校正量	ZAF法

(c)A点元素含量

LSecs:9

元素	质量分数/%	原子分数/%
Alk	70.06	80.61
SiK	5.00	5.53
FeK	24.93	13.86
ZnK	0.00	0.00
基体	校正量	ZAF法

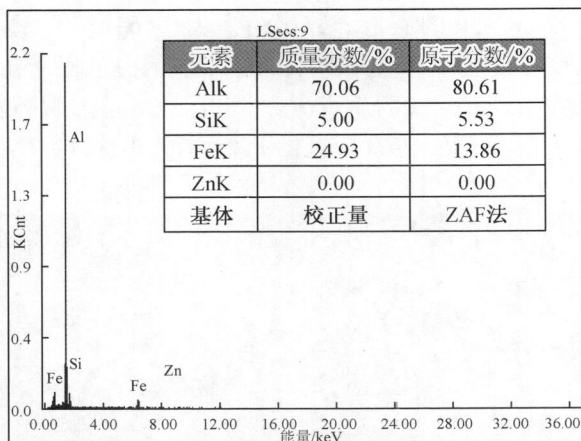

(d)B点元素含量

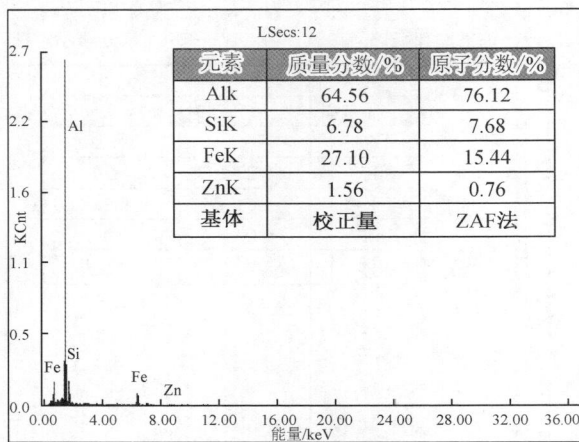

LSecs:12

元素	质量分数/%	原子分数/%
Alk	64.56	76.12
SiK	6.78	7.68
FeK	27.10	15.44
ZnK	1.56	0.76
基体	校正量	ZAF法

(e)C点元素含量

图 6 – 12 4043 铝带与 5183 焊缝界面分析

5183 铝 – 5083 铝界面成分分析如图 6 – 13 所示,该部分区域的界面不明显,主要是组织的变化,在 5183 焊缝中以白色块状组织较多。由图 6 – 13(b)(c)中点元素能谱分析可以看出,在 A 点 Al 元素的质量分数为 91.71,Mg 元素的质量分数为 3.45,Si 元素的质量分数为 1.11,对 Al – Mg – Si 三元相图富铝相进行分析,此时 Mg 与 Si 比例将近 2: 1,分析该部分区域存在 Mg_2Si;在 B 区域的组织,Al 元素的质量分数为 64.57,Si 元素的质量分数为 6.67,Fe 元素的质量分数为 16.38,Mn 元素的质量分数为 11.8,分析认为该区域存在 $FeAl_3$ 等 Fe – Al 金属间化合物。

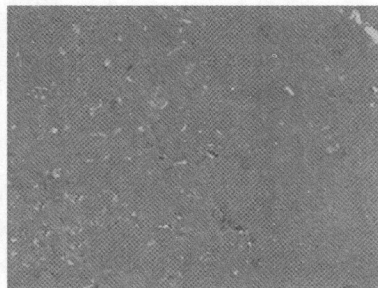

(a)5183铝-5083铝界面

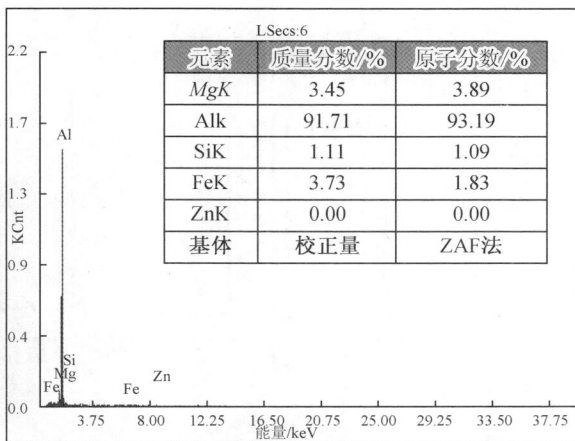

元素	质量分数/%	原子分数/%
MgK	3.45	3.89
Alk	91.71	93.19
SiK	1.11	1.09
FeK	3.73	1.83
ZnK	0.00	0.00
基体	校正量	ZAF法

(b)A点元素分析

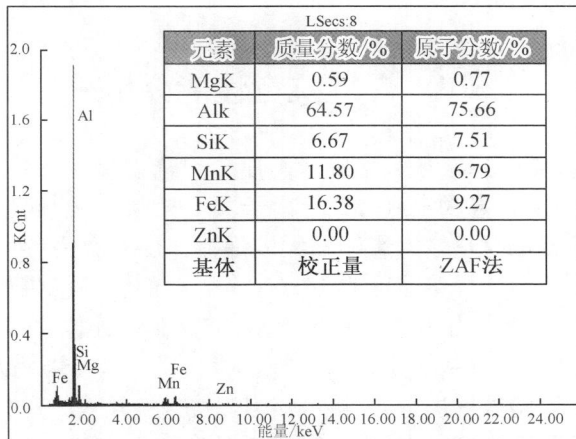

元素	质量分数/%	原子分数/%
MgK	0.59	0.77
Alk	64.57	75.66
SiK	6.67	7.51
MnK	11.80	6.79
FeK	16.38	9.27
ZnK	0.00	0.00
基体	校正量	ZAF法

(c)B点元素分析

图 6 - 13　5183 铝 - 5083 铝界面成分分析

　　为了进一步探索影响焊接接头强度的金属间化合物种类,对钢 - 铝弯曲界面层断口进行取样做 XRD 分析,测试结果如图 6 - 14 所示。在铝侧断面 XRD 测试结果中,以 Al 基体为主,存在 Fe_2Al_5 化合物,在钢侧断面 XRD 测试结果中,金属间化合物 Fe_2Al_5 以为主,同时存在 $Al_{0.5}Fe_3Si_{0.5}$ 化合物。

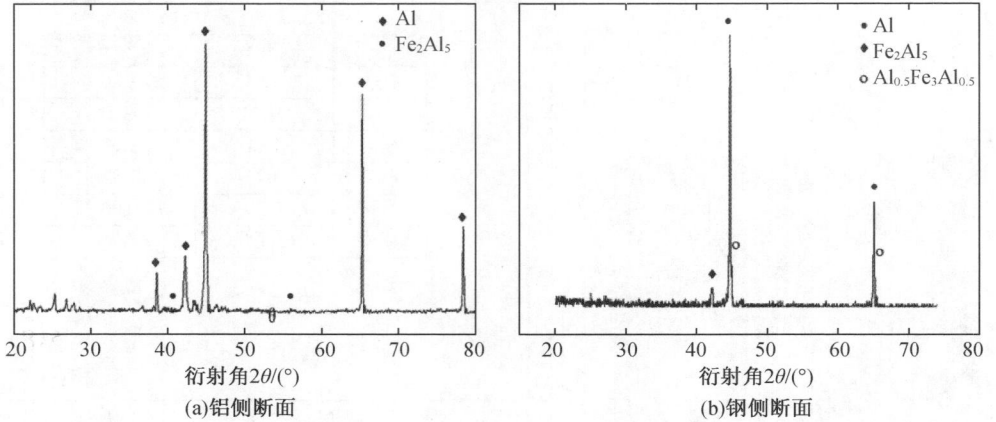

(a)铝侧断面   (b)钢侧断面

图 6－14　钢－铝弯曲界面层断口 XRD 分析

6.4　焊缝抗弯性能分析

　　对旁路等离子 MIG 焊接钢－铝异种金属角焊缝 T 型接头进行弯曲实验测试其抗弯性能,探究钢－铝异种金属旁路等离子 MIG 焊接工艺热输入对角焊缝弯曲性能的影响。本书选取对热输入影响较大的焊接速度参数为参照,进行不同焊接速度参数下的弯曲实验。焊接速度为 14.6 mm/s 时的实验结果如图 6－15(a)所示,弯曲角度为 136°,最大力为 704.6 N,断裂位置在焊趾位置;焊接速度为 13.1 mm/s 时的实验结果如图 6－15(b)所示,弯曲角度为 164°,最大力为 674.6 N,断裂位置在铝带。对实验数据进行分析,可知当焊接速度较快时母材热输入量较小,钢－铝角焊缝弯曲承受力较大,断裂位置在角焊缝焊趾,说明此时铝带相对强度大于焊接速度 13.1 mm/s 时的相对强度,证明在焊接过程中有效地控制焊接热输入量可以增加焊接接头弯曲强度。

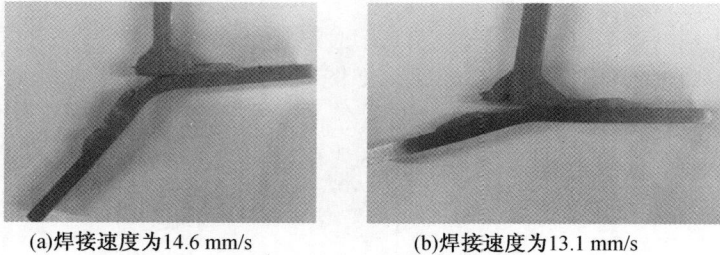

(a)焊接速度为14.6 mm/s   (b)焊接速度为13.1 mm/s

图 6－15　弯曲实验图

6.5　焊缝硬度分析

通常利用显微硬度计测量钢－铝异种金属旁路等离子 MIG 焊接工艺接头硬度变化,钢－铝异种金属焊接硬度曲线如图 6－16 所示。

由曲线图可以看出,在 Q235 向 4043 铝带过渡过程中,在钢的热影响区内存在部分区域显微硬度增强,分析认为,可能是由于焊接过程中铝的优良导热性使钢母材快速冷却过程中的细晶强化,提高了该部分组织硬度;另外也可能与焊接过程中 Al、Fe 元素扩散形成新金属间化合物,增加了该部分强度有关。4043 铝带与 5183 焊缝硬度差别不大,在 4043 铝带与 Q235 界面层中硬度值升高,分析认为可能在焊接过程中镀锌钢上锌熔在焊缝中形成 Al－Zn 固溶,增加了该区域硬度。在 5183 焊缝中存在软化区,分析认为该部分位于角焊缝中心,离 5083 母材和 4043 铝带距离较远,晶粒粗大,细晶强化作用不明显导致了局部软化的现象。对 5183 铝－5083 铝－5183 铝界面进行分析,5183 焊缝区的硬度变化不大,在 5083 母材中间位置存在轻微软化,分析认为由于双面角焊缝的特殊性,对 5083 母材双面的细晶强化作用较强,远离焊缝区的强化作用较弱,形成了中间位置的轻微软化。

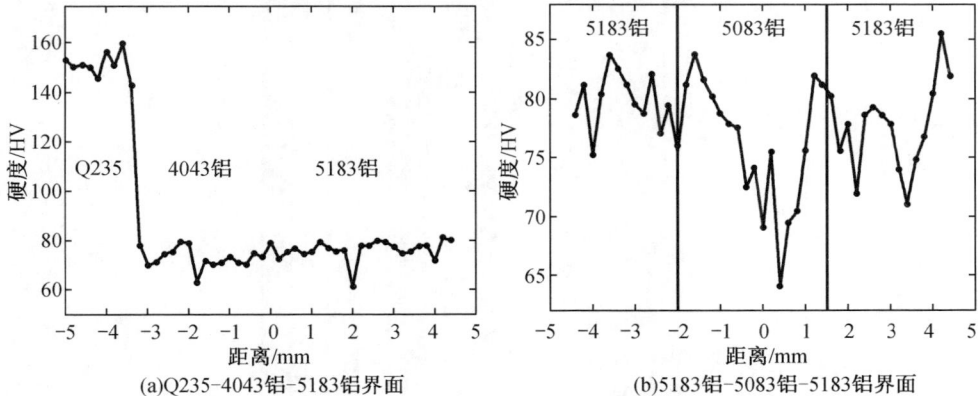

(a)Q235-4043铝-5183铝界面　　　　(b)5183铝-5083铝-5183铝界面

图 6－16　钢－铝异种金属焊接硬度曲线

6.6　本 章 小 结

本章主要分析了钛－钢/钢/铝接头组织形貌与焊接参数之间的影响规律,并进行了钛－钢/钢/铝异种金属接头成分分析,对钢－铝角焊缝 T 型接头进行了力学性能的测试。本章主要内容总结如下:

（1）旁路等离子 MIG 焊接钛 – 钢/钢/铝异种金属接头宏观与微观形貌良好，未见明显焊接缺陷，主路电流、主路电压、旁路电流、焊接速度参数的变化直接影响焊接过程宏观熔深、熔宽、余高，以及微观界面层厚度与加强相组织等，合适的焊接工艺参数对于获得良好的钛 – 钢/钢/铝异种金属焊接接头具有重要意义。

（2）钛 – 钢接头的 Ti – Cu 侧产生了大量 Ti – Cu 金属间化合物，断裂位置在 Ti – Cu 侧，Cu – Fe 侧未见明显界面层，钢 – 铝接头处 Fe – Al 侧界面层明显，产生了 Fe – Al 等金属间化合物，弯曲断裂位置在镀锌钢 – 铝带，异种金属焊接过程中金属间化合物的产生是影响接头力学性能的重要因素。

（3）钛 – 钢接头平均抗拉强度达到 349.29 MPa，最高抗拉强度达到 375.48 MPa，基本与 S211 铜基钎料强度（330～370 MPa）相当，断裂方式为脆性断裂，对比不分流下的抗拉强度 247 MPa 有很大提高，钢 – 铝接头弯曲可承受轴向最大力为 704.6 N，破坏位置在焊趾，旁路等离子 MIG 焊接可以获得优良力学性能的钛 – 钢/钢/铝异种金属焊焊接接头。

（4）钛 – 钢接头中部分区域硬度升高，硬度的明显升高可能是由于该部分的 Ti – Cu 金属间化合物使这部分区域的硬度升高，还与焊接过程中钛吸收空气中的氧、氮等物质有关；钢 – 铝接头存在部分区域软化现象，细晶强化远离焊缝区的强化作用较弱，形成了中间位置的轻微软化。

第7章　船用钢－铝异种金属接头耐蚀性能

钢－铝复合结构作为船体一部分,不但是相应载荷的承受体,还经常受到海水飞溅、海洋大气等海洋复杂环境的浸湿,而船体上层建筑与船主体之间的钢－铝结构还易受甲板上浪的冲刷,除了外力加载外,接头的腐蚀性能也不容忽视,这直接关系着焊接接头的使用寿命。尤其对于异种金属,由于不同金属间自身的物理特性,在特定环境下更能加速接头的腐蚀性能,从而破坏接头。因此对接头的腐蚀性能进行测定及其相关防护是船体建造工艺过程中必须引起重视的问题。

目前,对钢－铝异种金属的腐蚀行为研究,国内外相关学者做了大量工作,并获得了一定理论基础与实践经验,为异种金属结构的防护提供了一定的技术基础,但对船用钢－铝结构的腐蚀行为研究还有待进一步深入挖掘。虽然,美国、日本一些相关船舶试验公司对船体异种金属结构的腐蚀性能作了一些常规试验,取得了相应的分析数据,但许多问题仍需探讨。本章对船用钢－铝旁路分流熔钎焊焊接接头进行腐蚀试验测定,探究了接头在电腐蚀情况下的腐蚀电位、腐蚀电流及相关的腐蚀机理,为钢－铝异种金属焊接结构在防腐措施方面提供了技术支持。

7.1　腐蚀试验测定

试验分别对焊缝界面进行打磨、抛光,除去界面的氧化层及污染物,并分别对母材表面进行打磨、清洗,制成电腐蚀试样,电腐蚀试样如图7－1所示。试验采用进口恒动电位仪进行试验腐蚀,并由计算机进行数据采集,如图7－2所示。分别对铝母材、钢母材及焊缝界面层进行腐蚀试验,采用三电极体系,参比电极为饱和甘汞电极,辅助电极为铂片。动电位极化测量时由低频向高频扫描,电位扫描速度为0.01 V/s、静置时间为2 s,交流阻抗测量的频率范围为$10^5 \sim 10^{-2}$Hz,腐蚀溶液为3.5% NaCl 溶液。

腐蚀后采用 SEM、EMPA 等腐蚀界面形貌并对界面元素进行测定,进一步分析钢－铝旁路分流 MIG 电弧焊接接头腐蚀机理,为船用钢－铝的焊接工艺及其接头腐蚀的防护奠定理论基础。

图 7 - 1 电腐蚀试样

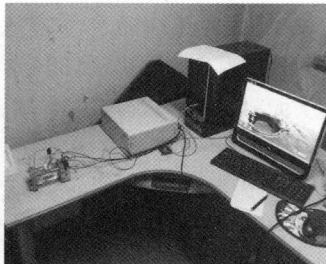

(a)腐蚀试验设备

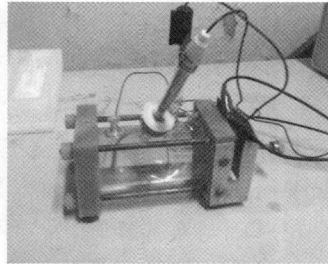

(b)三电极体系

图 7 - 2 腐蚀试验仪器

7.2 腐 蚀 形 貌

由于焊接接头界面组织的不同区域存在的金属化合物的形式及其元素种类不同,因此在接头不同区域的腐蚀程度也不相同。界面区域除了在 NaCl 电解质溶液中的腐蚀外,金属原子被电离流入电解质溶液中还会引起金属原子之间的电偶腐蚀,从而加快部分区域的腐蚀程度。图 7 - 3 为母材区域的腐蚀微观图,由图可知,在钢母材表面出现了点腐蚀,但腐蚀程度明显弱于铝母材,铝母材表面的腐蚀区域远大于钢母材。从电化学角度讲,在 NaCl 电解质溶液中,铝母材更容易被电解。图 7 - 4 为焊缝界面不同区域腐蚀形貌的微观组织。由于镀锌钢表面的镀锌层在焊接过程中熔融凝固,与扩散的铁元素及铝元素共同形成钎合界面层,Zn 元素的增加可改善填充钎料的润湿铺展性,同时极易促进铝填充钎料与钢母材的结合,但由于界面层的 Zn 含量富集,在腐蚀过程中,Zn(界面层)与铝填充钎料发生电偶反应,Zn 为电位负极加速了界面层的腐蚀程度,从而造成界面层腐蚀大于铝焊缝区的腐蚀程度[图 7 - 4(a)(b)(d)],在单位时间内,界面层所有区域几乎全被腐蚀。

由于 Zn 与 AL 之间的电偶腐蚀,造成靠近界面层的焊缝区域的腐蚀程度要大于远离界面层的腐蚀情况,如图 7 - 4(c)界面层右侧区域所示。对于钢母材一侧,由于钢母材在焊接过程中并未发生大量熔化,其接头区域大部分并未发生界面晶粒组织的改变,腐蚀发生在原有的组织形态,靠近界面层的钢母材热影响区及钢母材自身在 NaCl 溶液中充当阳极,腐蚀程度相对较小[图 7.3(a)]。

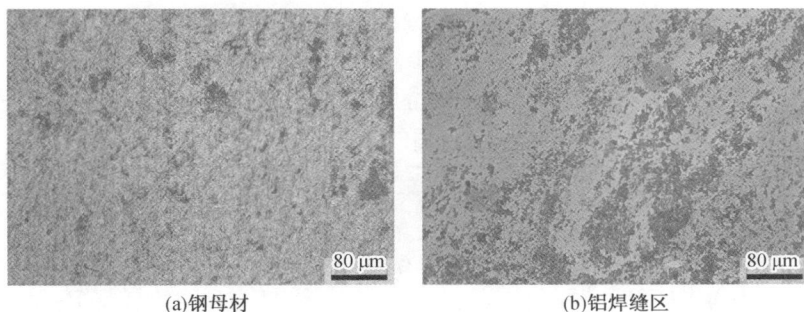

(a)钢母材　　　　　　　　　　(b)铝焊缝区

图 7 - 3　母材区域的腐蚀微观图

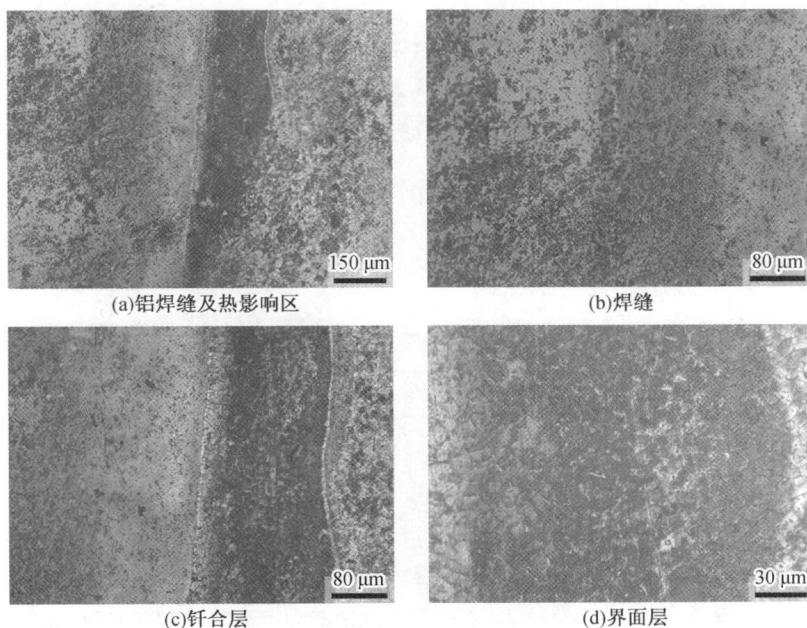

(a)铝焊缝及热影响区　　　　　　　　(b)焊缝

(c)钎合层　　　　　　　　　　(d)界面层

图 7 - 4　焊缝界面不同区域腐蚀形貌的微观组织

下面进一步通过 EMPA 试验来观测界面的元素分布,探究不同区域间发生的腐蚀反应。如图 7－5 所示为腐蚀界面元素分布图。由图可知,在 NaCl 电解质溶液中,Na 原子集中向界面层移动,并在界面层参与腐蚀反应,在 Al 焊缝区域发生局部腐蚀。由图可以看出,Fe 原子已扩散到 Al 焊缝内部,在 Al 焊缝区域参与腐蚀反应,会加快此区域的腐蚀速度及改变腐蚀形貌的力度。反之,Al 元素扩散并不明显,Zn 元素主要集中在界面层及钢侧热影响区,在此区域除原有的电解腐蚀反应外,Al、Zn 以及 Al、Fe 之间的电偶反应数量也明显聚集,这也是影响区域腐蚀速度的主要原因之一。在此需要指出:由于填充钎料 Si 元素的存在(主要分布于铝填充钎料焊缝的一侧),会改善焊缝区域的界面腐蚀情况,减缓界面腐蚀的程度,对于 Si 元素聚集区域,明显看到焊缝几乎未发生腐蚀现象。

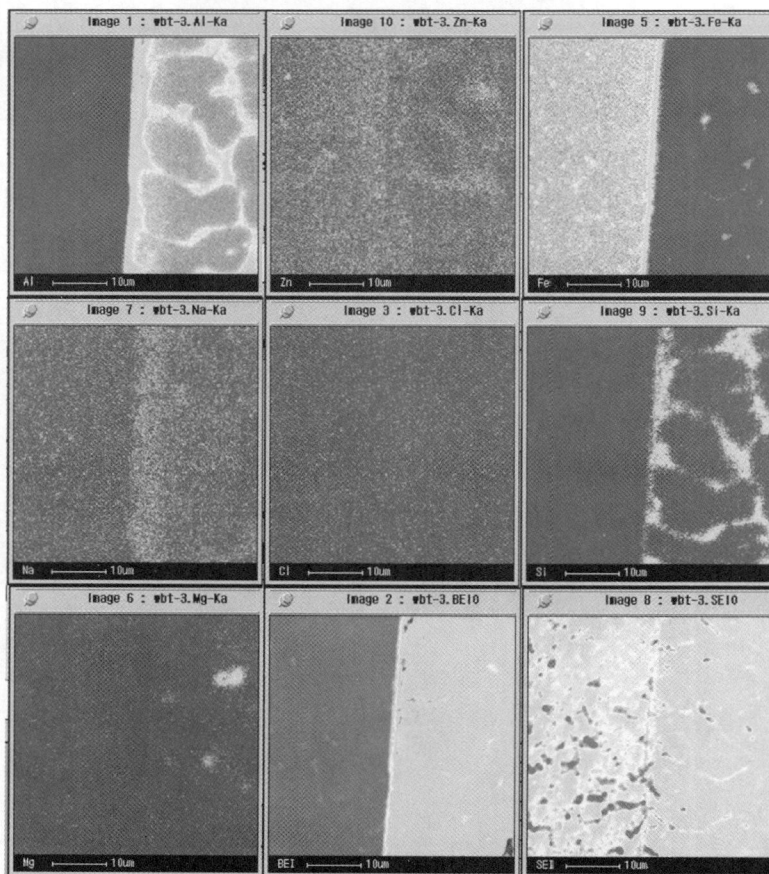

图 7－5　腐蚀界面元素分布图

对试验数据进行分析发现非金属元素 Si 存在的区域,会增加材料的耐蚀性。

由于焊丝中 Si 元素在焊缝熔融时聚集后凝固,焊缝中形成的 Al 元素及其金属间的化合物中 Si 元素含量会增多。在腐蚀过程中,电解质溶液中的氯离子极易吸附在硅离子和铝离子之间的界面,阻碍了阳极 Al 电化学反应的发生,降低了金属化合物间分子断裂或内部原子的重组速度,有效缓解了焊缝金属腐蚀速度,从而降低对材料的腐蚀程度。另外,由于 Si 元素含量的增加,在焊缝中形成的增强相 β 使得焊缝区域晶格更加致密,阻碍了 Fe 原子及 Al 原子在腐蚀溶液中发生电化学反应,从而增强了焊缝接头的抗腐蚀性。这也是此区域未发生腐蚀反应的原因。

7.3　腐蚀行为分析

7.3.1　极化曲线

铝及其合金在氯化物的溶液中容易被点蚀,点蚀的程度与溶液温度、腐蚀时间等因素有关。钢在 NaCl 溶液中易发生析氢腐蚀,图 7 – 6 为铝母材、钢母材及焊缝界面在溶液中电腐蚀的动位电极化曲线。

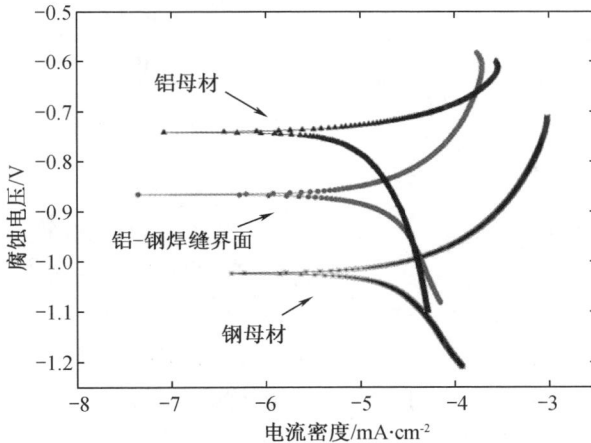

图 7 – 6　电腐蚀的动位电极化曲线

从图中可以看出,焊缝界面区域与铝母材区域在阳极的极化行为相似,而在阴极的极化曲线存在一定差别。由于钢母材的材料性能与铝母材及界面层差异性很大,其阴极和阳极的极化行为与铝母材及界面都不同。在一定极化电位(E_c)的条件下,铝母材的极化电流密度(i_c)大于焊缝界面处的极化电流密度(i_c)。两者除在溶液中与 Cl$^-$ 及 Na$^-$ 离子发生反应外,在界面层,Al^{3+} 离子与 Zn^{2+} 离子自身还进行电偶腐蚀的反应,而钢母材在溶液中进行析氢腐蚀。在腐蚀反应过程中,Al 母材在发生一定数量反应后表面会形成氧化层,从而降低了腐蚀反应速率,因此钢腐蚀速率明显较快。钢母材区域的腐蚀电压高于界面层及铝母材区域,焊缝界面区域的腐蚀电压也高于铝母材区域。由此说明,区域内的腐蚀程度不同。另外,在填充 4043 铝硅焊丝中,由于 Si 元素的大量存在,也极大地降低了铝焊缝区的腐蚀速率。

利用 CorrView 对图 7－6 条件下测量的极化曲线进行拟合计算,得到焊缝界面区域与母材区域的腐蚀电流值(i_{corr})腐蚀电位(E_{corr})见表 7－1 所示。可以看出,铝母材腐蚀电流及腐蚀电位最小,焊缝界面层次之,钢母材腐蚀电流及腐蚀电位值最大。这进一步说明在相同腐蚀条件下,钢腐蚀速率最快,焊缝界面层次之,铝填充焊缝较慢。从含有元素的角度看,填充钎料采用铝硅焊丝,含有一定量的 Si 元素有助于提高焊接焊缝的耐蚀性能。

表 7－1　电化学参数

	铝母材	钢母材	焊缝界面层
腐蚀电位/V	－1.554 9	－0.960 46	－1.032 15
腐蚀电流值/($A \cdot cm^2$)	2.407×10^{-5}	4.310×10^{-5}	3.308×10^{-5}

7.3.2　电化学阻抗谱

图 7－7 为钢母材区域、钢－铝界面层区域及铝母材区域在 3.5% NaCl 溶液中测得的交流阻抗谱。从图可以看出,钢母材区域的焊缝容抗弧大于钢－铝界面层区域及铝母材区域,而铝母材区域在初始阶段的容抗弧大于钢－铝界面层区域的容抗弧,而在后半段钢－铝界面区域的容抗弧要大于铝母材区域的容抗弧。

容抗弧是腐蚀过程中反应阻力的体现,容抗弧大,说明腐蚀过程中的反应阻力大。由此来看,钢母材在电解质溶液中发生腐蚀反应时的阻力最大。分析认为,在 NaCl 溶液中进行电腐蚀时,在铝母材区域,由于 Si 元素的加入,不能使阳极充分活化,所以焊缝界面区域在低频范围内表现为半径很大的容抗弧。根据交流阻抗谱,建立腐蚀阶段电化学阻抗谱等效电路图,如图 7－8 所示。电路中极化电阻(R_t)表示容抗弧低频端和高频端所对应阻抗值的差值,分别对焊缝界面区与母材区域交流阻抗谱进行拟合计算,图 7－9 为焊缝区域与母材区域的极化电阻阻值。由图可知,焊缝区域的极化电阻阻值最大,熔合界面区域次之,阻值最小为钢母材区域。这说明钢母材区域腐蚀速度最快,这和动电位测试得到的结果相同。在腐蚀过程中,焊缝由于 Al 的氧化作用,会在表面形成一层氧化膜,阻碍腐蚀反应的发生,因此会造成焊缝腐蚀阻值增大。Si 元素含量较多也是造成阻值增大的原因之一。

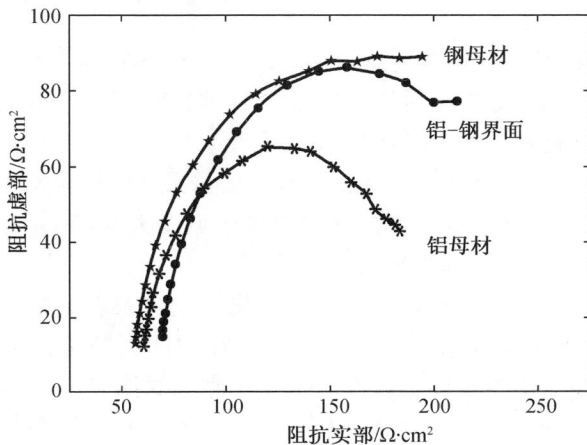

图 7 - 7　交流阻抗谱

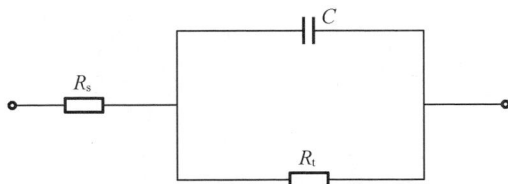

图 7 - 8　电化学阻抗谱等效电路图

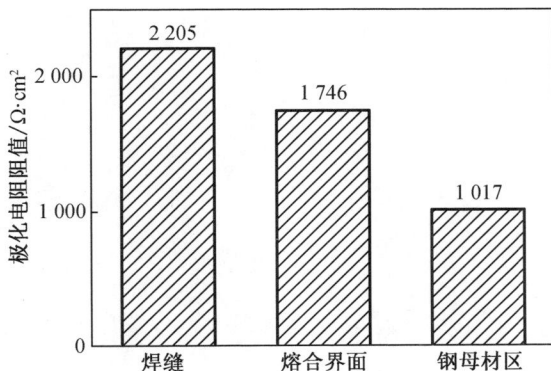

图 7 - 9　极化电阻阻值

7.4　本　章　小　结

本章主要对船用钢－铝接头、旁路等离子 MIG 焊接接头的腐蚀性能进行测定,并通过 EMPA、EMS 等手段对接头腐蚀形貌进行观察,分析接头在 5% NaCl 电解质溶液中的腐蚀机理。本章具体总结如下:

（1）界面接头钢侧出现点蚀,界面层腐蚀区域最大,焊缝区域次之,这是由于在钎合层,Zn 与 AL 之间的电偶腐蚀导致腐蚀区域变大的结果。而焊缝区域的 Si 元素含量较多,会增加此区域的耐蚀性能。

（2）通过接头腐蚀极化曲线发现,铝母材腐蚀电流及腐蚀电位最小,熔合界面层次之,钢母材腐蚀电流及腐蚀电位值最大。在相同腐蚀条件下,钢腐蚀速率最快,熔合界面层次之,铝填充焊缝较慢。电化学阻抗表明,焊缝区域的极化电阻阻值最大,熔合界面区域次之,阻值最小为钢母材区域。这说明钢母材区域腐蚀速度最快,与动电位测试得到的结果相同。分析认为这是不同区域元素含量不同及区域间腐蚀反应数量变化所引起的。

第8章 焊接熔滴过渡及热输入研究

进行钛－钢、铝－钢异种金属旁路等离子 MIG 焊接工艺时,由于旁路电弧的存在,使得该工艺对于钛－钢、铝－钢异种金属良好的应用性。为探究旁路等离子 MIG 焊接工艺在钛－钢、铝－钢异种金属焊接过程中的电弧特性、熔滴过渡及热输入机理,本章采用搭建的视觉信号及电信号采集系统,进行焊接过程中的实时观测,从而深刻理解旁路等离子 MIG 焊接在钛－钢、铝－钢异种金属焊接应用中的内在机理。

8.1 视觉与电信号采集

电弧形态与熔滴过渡共同影响着焊接过程的稳定性,也决定着焊后成形。旁路等离子 MIG 焊接工艺在钛－钢、铝－钢异种金属焊接应用过程中,借助视觉采集系统,揭示该工艺在钛－钢、铝－钢异种金属焊接应用中的电弧形态与熔滴过渡方式,结合焊缝成形及焊接过程稳定性,探索等离子分流复合焊接工艺在钛－钢、铝－钢异种金属焊接过程的内在机理,对进一步推广该工艺在钛－钢、铝－钢异种金属焊接应用进行理论基础的积累。

电信号采集系统负责采集旁路等离子 MIG 焊接过程中主路电流、旁路电流、母材电流与主路电压的大小,借助实时采集数据结合视觉系统的熔滴及电弧形态,共同探索旁路等离子 MIG 焊接在钛－钢、铝－钢异种金属焊接的应用机理。

8.2 电弧形态特性研究

通过对旁路等离子 MIG 焊接工艺电弧形态特性进行研究分析,得出该工艺下旁路分流对电弧形态的影响机理,并进一步研究耦合电弧对电弧压力及熔池稳定性的影响,验证该工艺方法在焊接过程中的稳定性。

8.2.1 电弧形态特征

为了能够深入地研究等旁路离子 MIG 工艺的机理,在试验过程中,不仅仅只是对焊缝外貌做简单的分析,还利用实验配套的高速摄像机对电弧进行了拍摄,分别对传统 MIG 电弧、不施加旁路分流的旁路等离子 MIG 焊接电弧及施加旁路分流的等离子复合焊接耦合电弧形态进行采集,在同一参数下分别拍摄,具有对比分析的意义。

图 8－1 展示了不同工艺条件下的电弧形态特征。其中,图 8－1(a)为传统 MIG 电流为 130 A 的电弧形态,可以看出,传统的 MIG 电弧弧根压得比较低,并且阴极区电弧严重发散,电弧形态呈"圆锥形";图 8－1(b)为不施加旁路分流的等离子复合焊接电弧形态,电流同样为 130 A,可以看出,相比于传统的 MIG 电弧,在等离子水冷喷嘴的拘束作用下,电弧不再像传统 MIG 电弧一样自由发散,而是变得更加集中,并且具有一定的挺直度,这说明等离子的水冷喷嘴对电弧起到了有效的拘束作用,这种情况下的电弧形态仍然呈"圆锥形",但其阴极区域明显缩小;图 8－1(c)为施加了旁路分流的等离子复合焊接耦合电弧形态,主路电流大小为 130 A,旁路分流大小为 25 A,可以看出,在施加旁路分流后,耦合电弧的弧根部分明显扩大,弧长略微增加,而电弧阴极区域略微缩小,使电弧形态呈现"钟罩型",弧根直径到阴极区域直径的变化梯度明显减小。

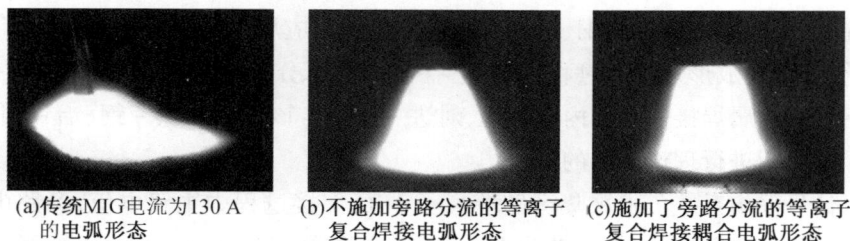

(a)传统MIG电流为130 A 的电弧形态　　(b)不施加旁路分流的等离子复合焊接电弧形态　　(c)施加了旁路分流的等离子复合焊接耦合电弧形态

图 8－1　不同工艺条件下的电弧形态特征

8.2.2　电弧形态物理成因

传统的 MIG 电弧为自由电弧,其形态同时会受到保护气体的一定影响,不受其他条件束缚,电弧形态比较扩展,电弧能量密度和电弧温度都比较低,因此,传统 MIG 电弧呈现发散状的"圆锥形"。

采用等离子拘束后的电弧由于将电弧的一极缩进到水冷喷嘴里,喷嘴的孔径比较小,则电弧通过喷嘴孔时,电弧弧柱截面积受到限制,电弧不能自由扩展,即产生了外部拘束作用,电弧在径向上被强烈压缩,从而形成等离子弧。自由电弧受到外部拘束形成等离子弧后,电弧的温度、能量密度、等离子流速都显著增加,有利于增大熔深,提升焊丝熔化效率,提高焊接速度。

对等离子拘束后的电弧施加旁路分流之后,焊丝与导电嘴之间形成环形的旁路电弧,其由内向外的电流方向会对电弧一侧产生环形感应磁场,可以有效地避免磁偏吹现象,其方向在主路电弧一侧俯视为逆时针方向,如图 8 - 2 所示。

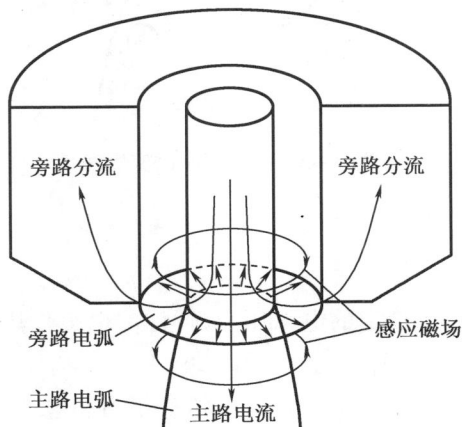

图 8 - 2　旁路电弧感应磁场示意图

磁场中带电粒子受到的洛伦兹力可由下式计算:

$$f = q \times v \times B \qquad\qquad (8-1)$$

式中　f——带电粒子受到的洛仑兹力;

　　　q——带电粒子所带电荷量;

　　　v——带电粒子运动速度;

　　　B——粒子所在空间位置的感应磁场强度。

旁路电弧与主路电弧形成耦合电弧后,一部分空气被电离,使得主路电弧阳极区域周围充满正负离子,并且主路电弧的阳极区域所处的旁路电弧产生的感应磁场强度较高,受感应磁场的影响最为明显。由阳极区域向阴极区域而来的正离子在旁路分流产生的感应磁场中将受到具有径向向外和轴向向上分量的洛伦兹力,如图 8 - 3 所示,使得正离子从阳极区域附近运动到离主路电弧中心更远的地方,使电弧阳极区域体积膨胀。因此,在旁路电流产生的感应磁场的作用下,原主路电弧由于洛伦兹力的作用而被"向外拉伸""向上提起",从而使耦合电弧的弧根部分明显扩大,弧长略微增加,电弧形态呈现"钟罩形"。

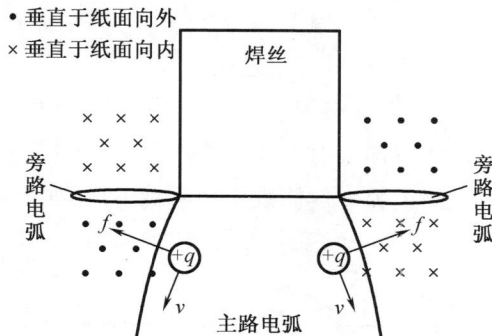

图 8 – 3　电弧形态改变机理

8.2.3　电弧压力

稳定的电弧形态具有稳定的电弧压力,这样的电弧作用于熔池有利于熔池的稳定性,进而有利于形成规则的焊缝,同时,电弧压力越小,对熔池的冲击也越小,熔池状态也越稳定。电弧压力主要是由电弧静压力和电弧动压力两部分组成:电弧动压力是由高温粒子的高速运动形成的;而电弧静压力使得较小电弧截面处的高温粒子向电弧截面较大的方向流动,是电弧动压力的力源。因此,降低电弧静压力可以有效降低电弧对熔池的冲击作用,而旁路等离子 MIG 焊接工艺可以有效降低电弧压力。

实际焊接过程中的电弧是截面直径变化的圆锥状气态导体,如图 8 – 4 所示。电弧压力的减小与电弧形态的变化密切相关,电极附近的电弧弧根截面直径较小,而工件附近阳极区域电弧截面直径较大,直径不同将导致电弧中存在沿轴向的压力差,导致产生由小截面指向大截面的轴向推力,从而产生由电极指向工件的推力,即电弧静压力,其大小可以表示为

$$P = KI^2 \lg\left(\frac{d_y}{d_x}\right) \tag{8-2}$$

式中　K——常系数;

　　　I——焊接电流;

　　　d_x——弧柱上底直径;

　　　d_y——弧柱下底直径。

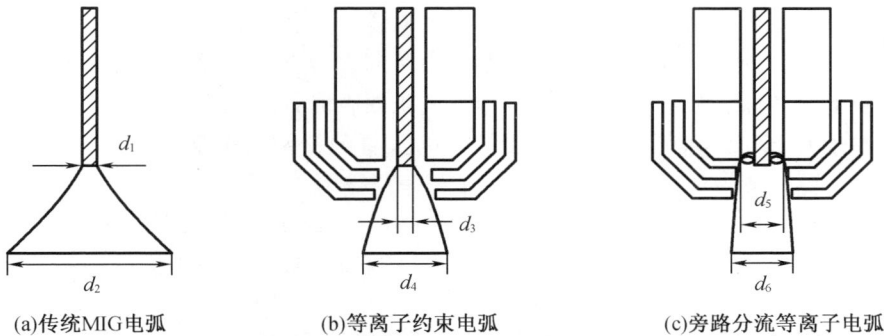

(a)传统MIG电弧　　　(b)等离子约束电弧　　　(c)旁路分流等离子电弧

图 8 - 4　电弧形态示意图

根据之前对电弧形态的分析,传统 MIG 电弧形态呈底部较大的"圆锥形",如图 8 - 4(a)所示,因此其 d_2/d_1 值较大,产生的电弧静压力也较大,同时较大的梯度变化也使其对高温粒子的加速很大,使电弧压力对熔池有较大的冲击力,不利于熔池的稳定和焊缝的成形。采用了等离子水冷喷嘴的电弧,由于等离子水冷喷嘴的拘束作用,可以有效约束 MIG 电弧,使电弧阴极区域直径 d_4 缩小,如图 8 - 4(b)所示,相比于传统 MIG 电弧 d_2/d_1 值,其 d_4/d_3 值大大减小,从而使电弧静压力减小,同时电弧截面积的变化梯度也降低,使电弧轴向相同间隔下的静压力差减小,从而导致对高温粒子的加速效果降低。引入旁路分流之后,旁路分流形成的旁路电弧对与主路电弧形成的耦合电弧形态有进一步的影响,耦合电弧在旁路电弧产生的感应磁场影响下,电弧形态由"圆锥形"变为"钟罩形",如图 8 - 4(c)所示,这会导致弧根直径 d_5 增大,进一步降低电弧静压力,同时电弧截面积的变化梯度也进一步降低,层层累加之后,最终对高温离子的加速将远远小于传统 MIG 电弧,相应的动压力也会大大减小。

此外,由耦合电弧"钟罩形"电弧形态形成原理看,主路电弧会受到由旁路电弧的存在而产生的向外、向上的"拉伸"效果的洛伦兹力的作用,这样一方面使主路电弧对工件和熔池的压力减小,另一方面增大了耦合电弧弧根区域的体积,使电弧上下区域直径更为接近,电弧密度更加均匀,因此,电弧对工件表面和熔池的电弧压力将更加均匀稳定,有利于形成良好的焊缝成形。

8.2.4　电弧压力对熔池稳定性的影响

熔池保持稳定的内在原因是熔池的受力状态,电弧压力会直接作用在熔池上,影响焊接过程中的飞溅等现象,对熔池的稳定性有很大的影响,进而影响焊缝成形。

熔池主要受熔滴冲击力、电磁力、重力、电弧压力和表面张力等主要力的作用，与此同时，液态熔池与固态母材之间的壁面摩擦力和支持力也需考虑在内。其中，熔滴冲击力、电磁力、重力、电弧压力和工件正面表面张力促使熔池下塌；而工件背面表面张力、壁面摩擦力和坡口面支持力的竖直分量则对熔池起到了一定的支撑作用。为更加清晰地对比传统 MIG 焊接和旁路等离子 MIG 焊接熔池之间的区别，借助 Matlab 软件对 2 mm 钛－钢异种金属 MIG 焊接与旁路等离子 MIG 焊接两种接头的剖面进行二值化处理（为让铜基钎料更好地在钛钢接头上润湿铺展，对钛－钢异种金属进行开坡口，便于钎料流动填充），如图 8 － 5 所示。

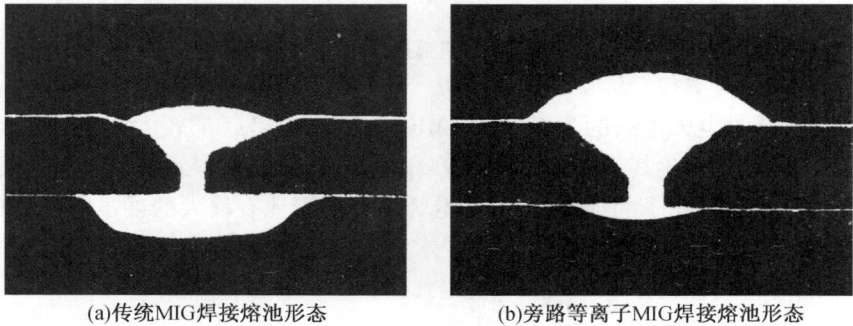

(a)传统MIG焊接熔池形态   (b)旁路等离子MIG焊接熔池形态

图 8 － 5   熔池形态二值化处理

可以明显地看出，传统 MIG 电弧下的熔池发生了严重的下塌，工件正面焊缝填充金属不足，甚至未能完全覆盖坡口面，造成了接头几何形状不完整的焊接缺陷，使母材的工作截面减小，接头强度大大降低，并可能造成应力集中。对于旁路等离子 MIG 焊接工艺下的熔池则达到了理想的状态，正面焊缝金属均匀对称地覆盖坡口，背面完全焊透，焊缝金属能够很好地与工件边缘熔合在一起，没有表面焊接缺陷。

在相同的传统 MIG 电流和旁路等离子 MIG 焊接工艺主路电流条件下，两者的熔滴冲击力和电磁力基本相同。由前文分析可知，由于电弧形态的差异，其主要影响到电弧压力对熔池的作用。Ogino 等人的研究表明自由电弧的压力分布大致上服从高斯分布，因此，综合考虑电弧形态、熔池形状和电弧压力的分布情况，对焊接过程中的液态熔池进行受力分析，如图 8 － 6 所示。图中带箭头线段的长短代表了各个力之间的相对大小，电弧压力记为 F_P，重力记为 F_G，表面张力记为 F_σ，摩擦力的竖直分量记为 F_τ，坡口面支持力竖直分量记为 F_{NC}。当焊接过程稳定后，这些力在稳定的电弧状态下保持相对稳定的平衡状态。

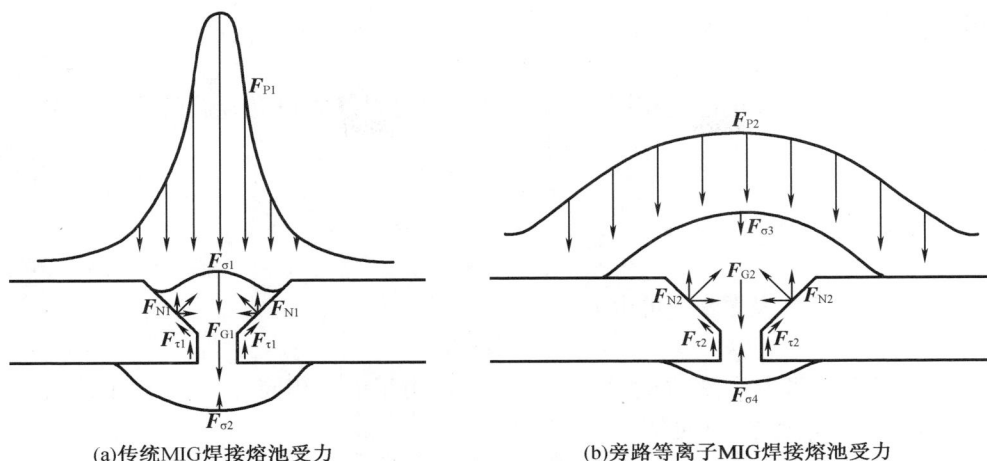

(a)传统MIG焊接熔池受力　　　　　　(b)旁路等离子MIG焊接熔池受力

图 8 − 6　熔池受力情况示意图

　　这里人为定义一个"下塌力",用来表征熔池在竖直方向所受的合力,向下为正,记为 F_S。该力可以用来描述熔池下塌的可能性,下塌力越大,熔池下塌的趋势就越大。由图 8 − 6 可得,可得两种工艺下熔池的下塌力可以分别表示为

$$F_{S1} = (F_{P1} + F_{G1} + F_{\sigma1}) - (F_{N1} + F_{\tau1} + F_{\sigma2}) \qquad (8-3)$$

$$F_{S2} = (F_{P2} + F_{G2} + F_{\sigma3}) - (F_{N2} + F_{\tau2} + F_{\sigma4}) \qquad (8-4)$$

用式(8 − 3)减去式(8 − 4)得到

$$
\begin{aligned}
\delta &= F_{S1} - F_{S2} \\
&= (F_{P1} + F_{G1} + F_{\sigma1}) - (F_{N1} + F_{\tau1} + F_{\sigma2}) - (F_{P2} + F_{G2} + F_{\sigma3}) + (F_{N2} + F_{\tau2} + F_{\sigma4}) \\
&= (F_{P1} - F_{P2}) + (F_{G1} - F_{G2}) + (F_{\sigma1} - F_{\sigma2} - F_{\sigma3} + F_{\sigma4}) + (F_{N2} - F_{N1}) + (F_{\tau2} - F_{\tau1})
\end{aligned}
$$

$$\qquad (8-5)$$

令

$$\delta F_P = (F_{P1} - F_{P2}) \qquad (8-6)$$

$$\delta F_G = (F_{G1} - F_{G2}) \qquad (8-7)$$

$$\delta F_\sigma = (F_{\sigma1} - F_{\sigma2} - F_{\sigma3} + F_{\sigma4}) \qquad (8-8)$$

$$\delta F_N = (F_{N2} - F_{N1}) \qquad (8-9)$$

$$\delta F_\tau = (F_{\tau2} - F_{\tau1}) \qquad (8-10)$$

则

$$\delta = \delta F_P + \delta F_G + \delta F_\sigma + \delta F_N + \delta F_\tau \qquad (8-11)$$

下面对式(8 − 11)中力的差值进行讨论。

(1)δF_P:由上文分析可知,经过旁路分流后的等离子电弧的压力相比与传统

113

MIG 电弧得到了极大的降低,因此

$$\delta F_{\mathrm{P}} > 0 \tag{8-12}$$

(2)δF_{G}:由于焊接速度相同,因此可以认为对焊缝的填充金属的质量基本相同,即

$$F_{\mathrm{G1}} \approx F_{\mathrm{G2}} \tag{8-13}$$

则有

$$\delta F_{\mathrm{G1}} \approx 0 \tag{8-14}$$

(3)δF_{σ}:液体表面张力可由下式计算:

$$F_{\sigma} = 2\sigma / R \tag{8-15}$$

式中,σ 是表面张力系数,R 是液面曲率半径。由于液体相同,因此两种工艺情况下的 σ 相同。由图 8-6 可知

$$R_3 > R_2 > R_1 \approx R_4 \tag{8-16}$$

因此

$$\delta F_{\sigma} > 0 \tag{8-17}$$

(4)δF_{N}:坡口面支持力的大小主要取决于坡口面之间熔池体积的大小,两侧的水平分量相互抵消,其竖直分量对熔池起到一定的支撑作用。由图 8-6 可以得到

$$F_{\mathrm{N2}} > F_{\mathrm{N1}} \tag{8-18}$$

因此

$$\delta F_{\mathrm{N}} > 0 \tag{8-19}$$

(5)δF_{τ}:液态熔池和固态母材之间的壁面摩擦力主要由材料的属性和温度决定,因此

$$F_{\tau 1} \approx F_{\tau 2} \tag{8-20}$$

$$\delta F_{\tau} \approx 0 \tag{8-21}$$

由此可得

$$\delta > 0 \tag{8-22}$$

即

$$F_{\mathrm{S1}} > F_{\mathrm{S2}} \tag{8-23}$$

综上所述,采用旁路等离子 MIG 焊接工艺可以使熔池的下塌力减小,使熔池稳定性得到提高,进而稳定焊接过程,极大地避免了焊接缺陷的产生,达到良好的成形效果,提升了接头质量,使其满足强度要求。

8.2.5 电弧电信号

图 8-7 为主路电流 84 A,主路电压 16.8 V,焊接速度 8.8 mm/s,保护气流量

12 L/min,离子气 0.9 L/min,在不产生旁路电流和产生旁路 30 A 电流时的电信号采集图。进行旁路耦合后,整个焊接过程中旁路稳定,母材电流明显减小,焊接电流的峰值变化范围变小,分析认为,经旁路耦合后的焊接过程,母材的焊接电流减小,焊接热输入量减小,焊接中电流波动小,稳定性强。图 8 - 8 中为主路电流 78 A,主路电压 16.4 V,焊接速度 8.8 mm/s,保护气流量 12 L/min,离子气流量 0.9 L/min,旁路电流 30 A 的电信号调节图。观察打开旁路后电信号的变化,有旁路电流时,电流波动范围很小,趋于平稳,小电流、小电压下的旁路电流对焊接过程的稳定具有明显的调节作用。图 8 - 9 为电信号采集过程中脉冲电流电信号,在脉冲波谷时,旁路电流为 30 A,母材电流为 40 A,总电流为 70 A;在脉冲波峰时,旁路电流为 30 A,母材电流为 115 A,总电流为 151 A,电流波形基本一致,焊接过程较为稳定。分析认为,旁路等离子 MIG 焊接技术,通过旁路耦合的作用,使焊接过程更加稳定,对母材的热输入量减小,是一种高效、低热的焊接工艺手段,对于钛 - 钢、钢 - 铝异种金属的焊接具有明显的焊接优势。

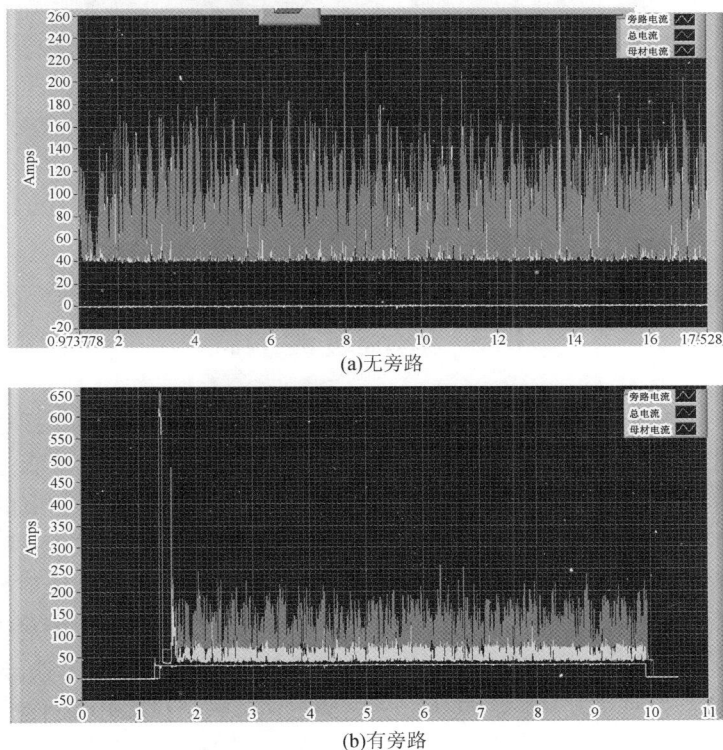

(a)无旁路

(b)有旁路

图 8 - 7　电信号采集

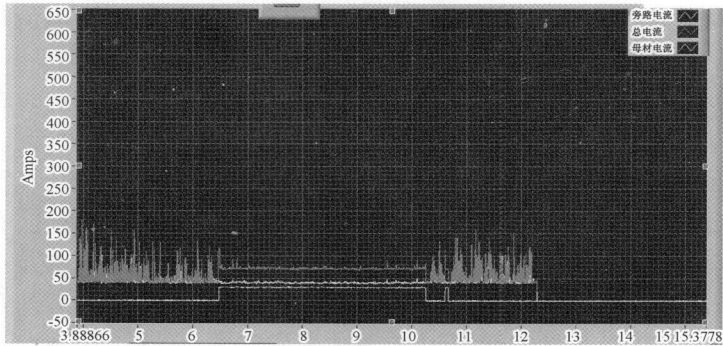

图8-8 小电流下旁路对电信号调节

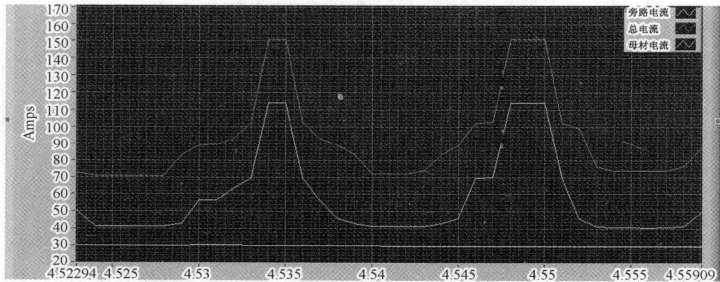

图8-9 脉冲电流电信号

8.3 熔滴过渡形式

为研究旁路等离子MIG焊接工艺在钛－钢、钢－铝异种金属焊接过程中的稳定情况,本书采用高速摄像系统对不同焊接工艺参数下的电弧及熔滴过渡过程进行采集,揭示熔滴过渡与焊接稳定性的关联性。对于钛－钢异种金属的等离子分流焊接工艺方法,为避免铜基焊丝在导电嘴内熔化烧坏导电嘴,试验过程中采用在导电嘴外的熔滴过渡形式。试验中发现存在短路过渡和射滴过渡两种熔滴过渡形式,保护气气体流量为12 L/min,等离子气流量为0.9 L/min,导电嘴高度为5 mm,导电嘴内径为4 mm。对于钢－铝异种金属旁路等离子MIG焊接方法,试验中发现存在短路过渡、大滴过渡和射滴过渡三种熔滴过渡方式。试验中的工艺参数为:保护气流量为15 L/min,等离子气流量为1 L/min,导电嘴高度为5 mm,导电嘴内径为4mm。

116

8.3.1　短路过渡形式

图 8 – 10 为一个周期内钢 – 铝焊接短路过渡形式及电弧形态,在焊接过程中飞溅范围较大;短路过渡时耦合电弧形态较小,旁路电弧清晰可见,且整体较为细长。分析认为,焊接过程中,焊丝接触熔池,熔化的前端焊丝与熔池形成液桥,短路电流产生较大的电磁收缩力与表面张力,在这些力的共同作用下,液桥收缩并发生气化,产生飞溅的现象。同时由于脉冲电弧的冲击搅拌作用,也会产生焊接飞溅。短路电弧一般弧长较小,距离导电嘴距离较远,铜制导电嘴的电离程度较小,产生的旁路电弧形态较小,由于旁路电弧对主路电弧的维弧作用,主路电弧会受到由旁路电弧的存在而产生的向外、向上的"拉伸"效果的洛伦兹力的作用,呈现出细窄的旁路电弧形态。由于焊接过程中产生了大量飞溅,铝飞溅到铜制导电嘴处,会附着在导电嘴附近,形成一层小颗粒的飞溅附着物,较大的飞溅附着物会影响旁路电弧的稳定性,出现旁路电弧断弧现象。当旁路电弧与主路电弧耦合在焊丝中央时,短路过渡飞溅较小;当耦合电弧偏置于焊丝中心时,整个过程飞溅较大,焊接过程的稳定性与耦合电弧的耦合位置存在密切的内在联系。

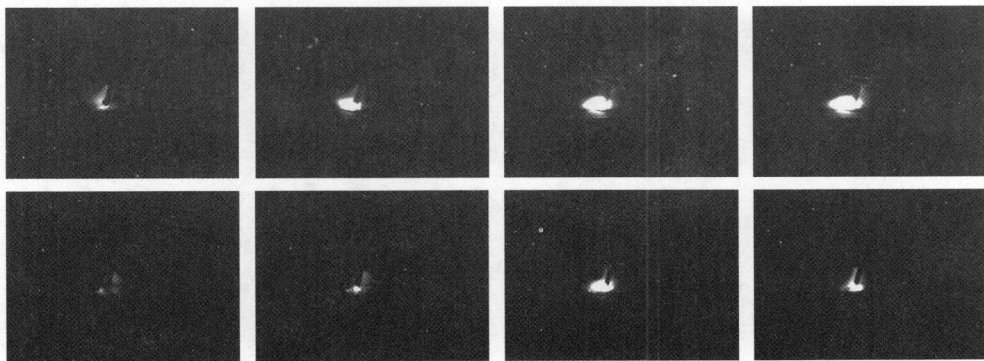

图 8 – 10　钢 – 铝焊接短路过渡形式及电弧形态

图 8 – 11 为一个周期内钛 – 钢焊接短路过渡的电弧及熔滴采集过程,从图中看可以看出,钛 – 钢焊接过程中短路过渡的电弧很短,旁路电路不明显,飞溅主要集中在熔池附近,在采集界面的其他位置未见明显飞溅,飞溅程度较钢 – 铝焊接时明显减少,这与金属材质有关。分析认为此工艺参数下的主路电弧弧长很短,旁路电弧时有时无,焊接过程不稳定,这是影响焊接飞溅产生的重要原因。

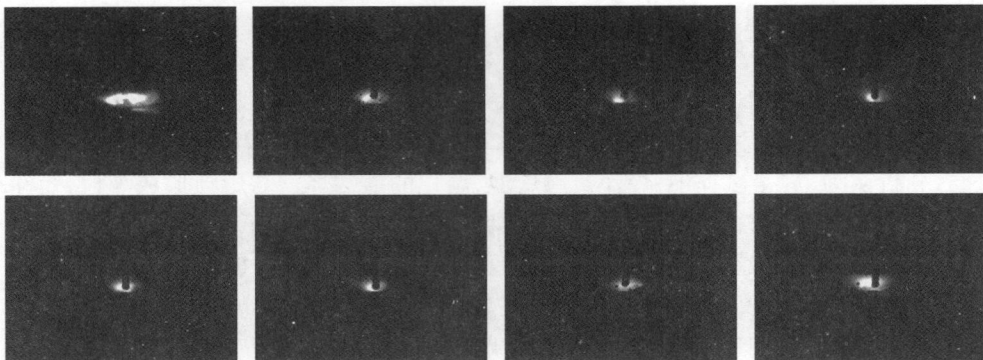

图 8 - 11　钛－钢焊接短路过渡的电弧及熔滴采集过程

8.3.2　射滴过渡形式

在钢－铝旁路等离子 MIG 焊接工艺试验中,主路电流为 76 A,主路电压为 16.6 V,旁路电流为 55 A,焊接速度为 13 mm/s,图 8 - 12 为一个周期内的钢－铝焊接保护气罩内射滴过渡过程,弧根位于保护罩内部的导电嘴附近,耦合电弧弧长略长,电弧形态呈现"钟罩形",焊接过程中熔滴过渡呈现射滴过渡的方式,为一脉一滴的稳定过渡方式,焊接过程无飞溅。旁路电弧在主路脉冲电弧较弱时稳定维弧,在此过程中,熔滴完成生成到降落到熔池的过程,随着下一次脉冲波峰的到来,重置熔滴的射滴过渡状态。分析认为,在脉冲电弧波峰时,耦合电弧对焊丝加热,促进焊丝熔化阶段,在脉冲电弧波峰向波谷的转变过程中,熔滴脱落进入熔池,同时在旁路电弧"向上提起"的洛伦兹力的作用下,降低了熔滴对熔池的冲击作用力,极大地减少了焊接过程中飞溅的产生,稳定焊接过程。

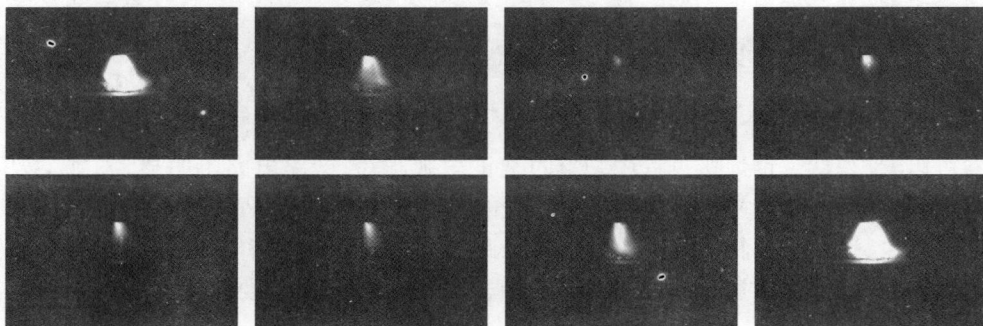

图 8 - 12　钢－铝焊接保护气罩内射滴过渡过程

118

　　在钛－钢旁路等离子 MIG 焊接过程中,主路电流为 84 A,主路电压为 16.8 V,旁路电流为 30 A,焊接速度为 8.8 mm/s,图 8 – 13 为一个周期内钛－钢焊接射流过渡过程。如图所示,耦合电弧弧根在保护气罩外 2 mm 处,弧长较小,熔滴过渡时,在熔滴表面张力与重力等共同作用下,焊丝与熔池之间形成“金属液桥”,熔滴过渡稳定,基本无飞溅。分析认为,由于铜制导电嘴的限制作用,在采用铜基钎料进行钛－钢异种金属的焊接过程中,选取熔滴保护气罩外远离导电嘴的稳定过渡形式进行钛－钢异种金属的焊接工艺过程,可避免焊接时铜基焊丝在导电嘴处熔化而堵塞导电嘴,造成焊接效率降低,在旁路电弧的稳定作用下,整个焊接过程稳定。

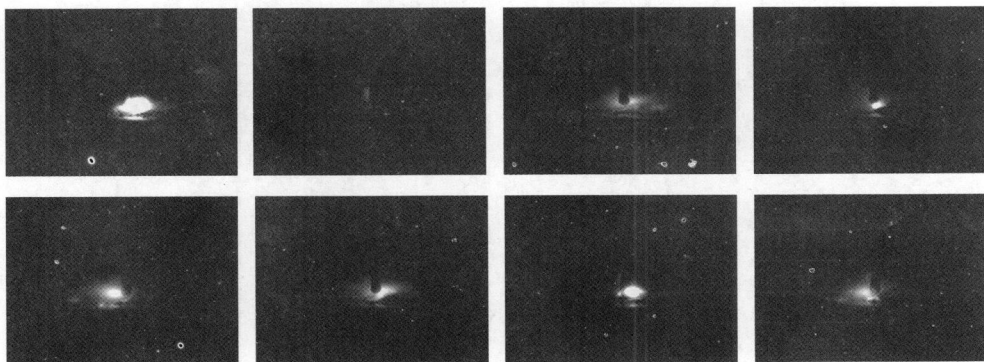

图 8 – 13　钛－钢焊接射流过渡过程

8.3.3　旁路电流对熔滴过渡形式的影响

　　在试验过程中,通过不同旁路电流工艺参数分析旁路电流的变化对熔滴过渡的影响机制。图 8 – 14 为旁路电流 50 A 时钢－铝焊接保护气罩外 1 mm 射滴过渡方式,图 8 – 15 为旁路电流 45 A 时钢－铝焊接保护气罩外 1 mm 射滴过渡方式。旁路电流为 50 A 时,耦合电弧长度较旁路电流 55 A 时略微减小,分析认为此时旁路电弧对主路电弧的作用力略低于电流 55 A,在保护气罩外过渡,同时,旁路电弧对焊丝的预热能力降低,熔滴过渡较电流 55 A 时周期加成,为三脉一滴的过渡形式。在旁路电流为 40 A 时,旁路电弧单点起弧,此时仍为射滴过渡的方式,电弧长度减小。分析认为旁路等离子 MIG 焊接工艺在异种金属的焊接应用过程中,控制旁路电流的大小,可以实现稳定的焊接过程,在旁路电流较小时,可能出现单点起弧或者不起弧的不稳定焊接过程,影响焊接的质量。

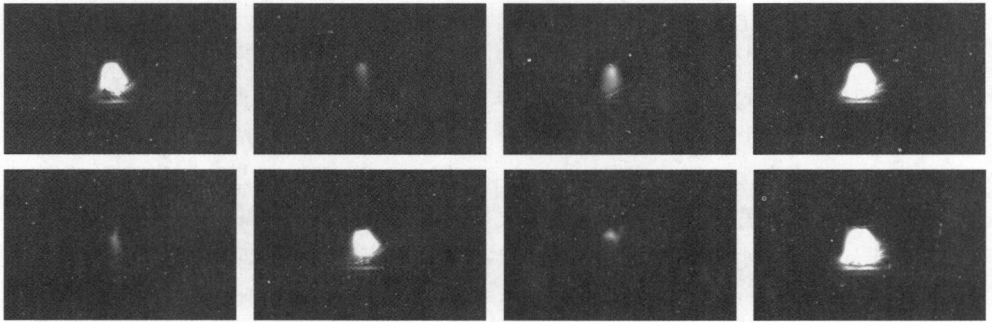

图 8－14　钢－铝焊接保护气罩外 1 mm 射滴过渡（旁路电流 50 A）

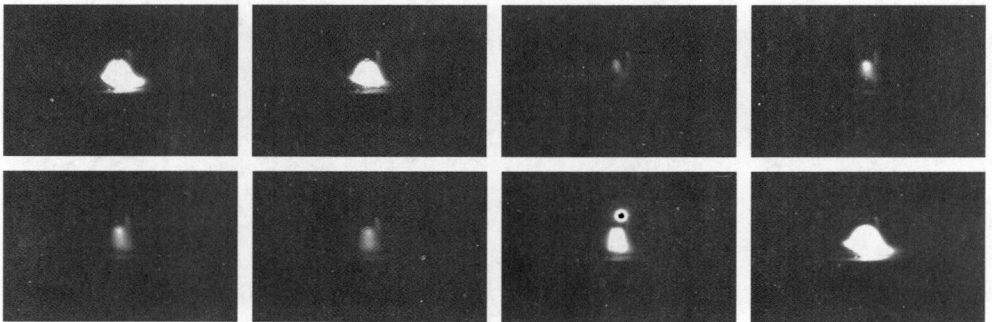

图 8－15　钢－铝焊接保护气罩外 1 mm 射滴过渡（旁路电流 45 A）

8.4　旁路电流对焊接热输入调节机理

在旁路等离子 MIG 焊接工艺过程中，电弧处的电流流动方向如图 8－16 所示。

从焊机产生的总电流 I 流经焊丝到达母材前，电流的一部分经过等离子电极流向 IGBT 分流模块，称为旁路电流 I_p，另一部分流经母材，称为母材电流 I_m。这种分流的方式保证了在焊丝熔化电流 I 不变的前提下，降低母材处所流经的电流 I_m，降低母材热输入量，并且有

$$I = I_p + I_m \tag{8－24}$$

根据试验原理，旁路等离子 MIG 焊接工艺可以认为是一种非熔化极－熔化极旁路分流焊接工艺，根据 Lu 等人的研究，在该种方式的复合电弧焊接过程中，焊丝的熔化产生的热量 H_1 可以根据下式计算，即

$$H_1 = (U_A I + k_1 I^2)\Delta t \tag{8－25}$$

120

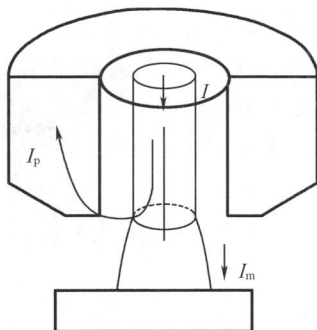

图 8 - 16　旁路等离子 MIG 焊接电流流动示意图

式中，U_A 表示阳极电压；I 表示焊丝熔化电流；k_1 是大于 0 的常数；Δt 为时间。焊丝熔化的热量随着熔滴进入熔池作用在母材，成为作用于母材热输入的一部分。在不计电阻热的前提下焊丝熔化热量为

$$H_1 = U_A I \Delta t \tag{8 - 26}$$

此外对于母材的热输入还包括阴极产热，阴极产热可由下式求得

$$H_C = U_C I_m \Delta t \tag{8 - 27}$$

式中，U_C 表示阴极电压，I_m 表示母材电流。忽略掉焊接过程中弧柱区对流、辐射造成的热量损失，则焊接时母材的热输入 H 可由下面公式得出

$$H \approx (U_A I + U_C I_m) \Delta t \tag{8 - 28}$$

为了研究旁路电流对焊接时母材热输入的影响过程，可分为，$I_p = 0$ 和 $I_p > 0$ 两种情况综合分析，即有旁路和无旁路的情况。当旁路 $I_p = 0$，此时可以认为焊丝熔化电流直接施加在母材上。焊接时母材的热输入量为

$$H_0 \approx (U_A + U_C) I \Delta t \tag{8 - 29}$$

在探究旁路电流对母材的热输入影响机制时，旁路电流 $I_p > 0$，引入一个比例系数 p 来表示旁路电流存在时母材热输入与没有旁路的母材热输入比值，则

$$p = \frac{H}{H_0} = \frac{(U_A I + U_C I_m) \Delta t}{(U_A + U_C) I \Delta t} \tag{8 - 30}$$

将式(8 - 24)代入式(8 - 29)则有

$$p = \frac{(U_A + U_C) I - U_C I_p}{(U_A + U_C) I} = 1 - \frac{U_C I_p}{(U_A + U_C) I} = 1 - p_0 \frac{I_p}{I} \tag{8 - 31}$$

$$p_0 = \frac{U_C}{U_A + U_C} \tag{8 - 32}$$

在式(8 - 32)中，p_0 是一个常数，且 $p_0 < 1$，根据式(8 - 31)所示，当旁路电流存

在时，即 $I_p > 0$，此时 $p < 1$，说明旁路电流的存在降低了焊接时母材的热输入。同时也说明旁路等离子 MIG 焊接可以通过调节旁路电流的大小实现在不改变母材热输入的前提下提高焊丝的熔化速度，也可以看作是在保证焊丝熔化速度的同时降低母材热输入。整个过程的实现靠旁路电流的调节达到热输入可控。

8.5　本章小结

本章借助视觉采集系统及电信号采集系统，进行了旁路等离子 MIG 焊接钛－钢、钢－铝异种金属过程中的电弧形态及熔滴过渡方式采集，并且借助 Matlab 软件分析了焊接过程中的电弧形态、电弧压力、电弧电信号及熔滴过渡方式与焊接稳定性的内在联系，并且对焊接过程中旁路电流的热输入调节机理做出了探索性研究。本章主要内容总结如下。

（1）传统的 MIG 电弧弧根低，阴极区电弧严重发散，电弧形态呈"圆锥形"；旁路等离子 MIG 焊接耦合电弧的弧根部分明显扩大，弧长略微增加，而电弧阴极区域略微缩小，使电弧形态呈现"钟罩形"，弧根直径到阴极区域直径的变化梯度明显减小。

（2）在旁路电流产生的感应磁场的作用下，原主路电弧由于洛伦兹力的作用而被"向外拉伸""向上提起"，从而使耦合电弧的弧根部分明显扩大，弧长略微增加，电弧形态呈现"钟罩形"。该耦合电弧对工件表面和熔池的电弧压力将更加均匀稳定，有利于形成良好的焊缝成形。

（3）旁路等离子 MIG 焊接工艺可以使熔池的下塌力减小，使熔池稳定性得到提高，进而稳定焊接过程，极大地避免了焊接缺陷的产生，达到良好的成形效果，提升接头质量，使其满足强度要求。

（4）在旁路等离子 MIG 焊接过程中熔滴过渡可以分为短路过渡、大滴过渡和射滴过渡三种形式：短路过渡时，焊接过程不稳定，旁路单点起弧，飞溅较大；大滴过渡时，焊接过程较为稳定，旁路环形起弧，电弧力对熔滴的推动作用小，易形成大滴掉落；射滴过渡时，旁路环形起弧，熔滴易滴落，焊缝成形良好。

（5）旁路等离子 MIG 焊接可以通过调节旁路电流的大小实现在不改变母材热输入的前提下提高焊丝的熔化速度，也可以看作是在保证焊丝熔化速度的同时降低母材热输入。整个过程的实现靠旁路电流的调节达到热输入可控。

第9章 钢-铝异种金属焊接在船舶中的应用

在船舶设计中,为了减轻船体的自重,往往将上层建筑或者甲板室由钢质结构改为铝质结构,可以增加船的运载量,提高航速及由于降低了船的重心增加了船的稳定性。为确保舰船的安全性能和抗冲击能力,现代舰船的主船体常用钢结构制造。因此,实现铝与钢的可靠焊接,特别是与低碳钢、不锈钢的连接具有十分重要的现实意义。

9.1 钢-铝材料特性

钢与铝的密度、比热、熔点、热导率、线膨胀系数、电阻率和弹性模量等热物理性能参数相差很大,两者热物理性能见表9-1。如果将钢和铝直接进行高温熔焊,焊缝中会产生大量的Fe-Al金属间化合物,难以形成良好的焊接接头,且接头应力大、塑韧性低,易产生裂纹。

表9-1 钢和铝热物理性能

材料	密度/$(kg \cdot m^{-3})$	比热/$(J \cdot kg^{-1} \cdot ℃^{-1})$	熔点/℃	线膨胀系数/K^{-1}
铝	2 700	900	660	23.6×10^{-6}
低碳钢	7 860	502	1 500	11.8×10^{-6}
不锈钢	7 980	500	1 450	16.6×10^{-6}

现代船舶铝合金上层建筑与钢主船体的连接目前有两种形式,即铆接和焊接。铆接接头制作复杂,使用过程中易产生腐蚀和接头松动,降低了连接强度和密性;采用焊接则存在铝合金与钢的异种金属焊接难题,因此,在船舶建造中不宜将钢制板材与铝制结构直接进行高温熔焊。采用爆炸复合方法制成的铝合金-钢焊接的过渡接头,为实现铝合金上层建筑与钢主船体的焊接提供了物质基础。目前,普遍采用钢-铝复合过渡接头,钢制主船体、铝制构件与复合过渡接头分别进行焊接。同传统的钢围栏和铆接工艺相比,采用钢-铝复合过渡接头,既简化了施工工艺,

节省工时,同时提高了接头处的水密性和耐腐蚀性能。

目前,世界上已有法国、美国、英国、日本、澳大利亚等国家在实船上应用了过渡接头。我国用爆炸复合制成的过渡接头也在 1992 年建成的"海鸥 3 号"渡船上获得应用。钢－铝结构过渡接头由三部分组成,即钢层、中间层和铝层,三层厚度不同,中间层相对钢、铝层较薄。爆炸合成复合过渡接头普遍采用表 9 - 2 中所列两种形式。

表 9 - 2　爆炸合成复合过渡接头类型

材料类型	钢层	中间层	铝层
钢－铝－铝	低碳钢、不锈钢等	纯铝	铝合金(5086、5083 或 3003)
铝－钛－钢	低碳钢、不锈钢等	钛	铝合金(5086、5083 或 3003)

过渡接头应进行 100% 超声波检验,结合率达到 100% 为合格,检测后还应进行复层之间剪切和拉脱性能试验(复层厚度方向拉伸)。船舶建造中过渡接头的结构设计和焊接工艺将直接影响船舶营运中过渡接头的力学性能,见表 9 - 3。

表 9 - 3　过渡接头的力学性能

材料类型	抗拉强度/MPa	剪切强度/MPa
钢－铝－铝	75	55
铝－钛－钢	140	110

9.2　过渡接头节点设计

钢－铝过渡接头的节点设计包括过渡接头自身的对接和角接、过渡接头与铝质板材和型材的连接及过渡接头与钢的连接。根据过渡接头中铝、钛和钢的热物理特性及二元图,三种材料直接熔合会产生脆性相,如 TiFe 等,因此过渡接头对接、角接时常采取铝－铝焊接、钢－钢焊接,钛层不焊接。

9.2.1　过渡接头对接

过渡接头对接焊接时,若结构可绕过渡接头纵轴翻转,称为自由式接头形式,其对接形式如图 9 - 1 所示,中间层钛和距离钛上下各 3 mm 内不开坡口,需保留钝边,钢和铝合金层各开约 60°的 V 形坡口。如果结构不能绕过渡接头纵轴翻转时,称为拘束式接头形式,其对接形式如图9－2所示,钢层、钛层及距离钛边界向上3 mm内不开坡口,保留钝边,剩余铝合金层开设约60°的V形坡口。两种形式接头均要避免钛层熔化,开设坡口时必须控制好钝边区域。

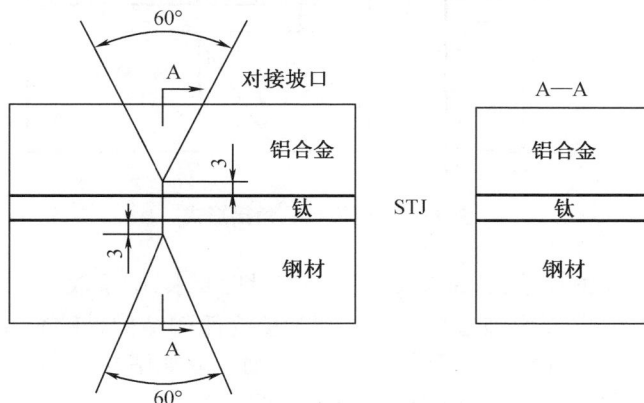

图9－1 自由式接头形式

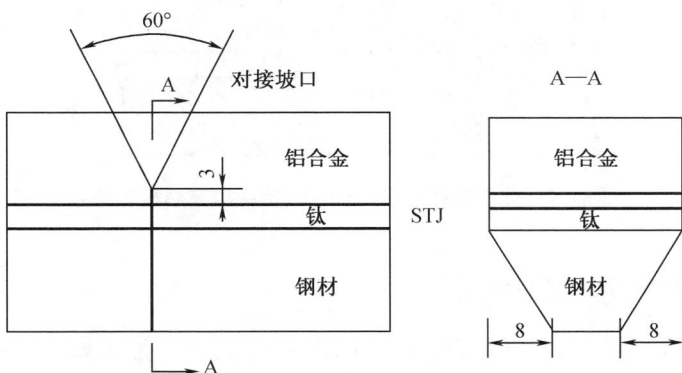

图9－2 拘束式接头形式

9.2.2 过渡接头的角接

过渡接头角接形式如图9－3中A－A和B－B两种方案。A－A形式较为普遍,也是推荐选用的连接形式,钛层及上下3 mm内保留钝边,切勿将坡口直接从铝合金层开至钢层,避免钛层熔化。过渡接头的T形连接亦采取A－A方案。

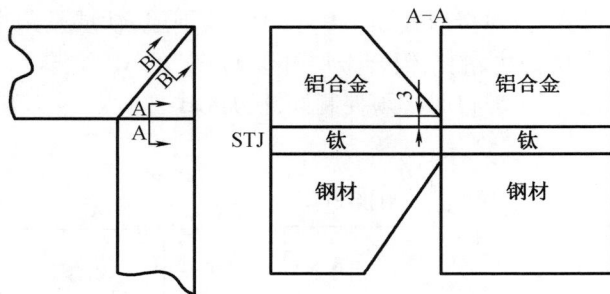

图 9 - 3　过渡接头角接形式

针对过渡接头的连接,若是连接部位有密封性要求,则采取上述连接方式进行焊接,并对未焊区域(保留钝边部位)钻孔和填充船舶结构黏结胶,既能传递载荷又能保证密封性。若连接部位无密封性要求,则采取如图 9 - 4 所示方案,在过渡接头连接区域开口约 4 mm,填充船舶结构黏结胶。

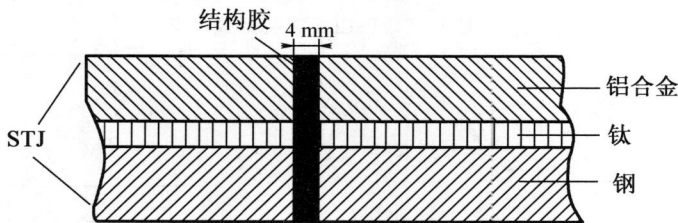

图 9 - 4　非水密部位、过渡接头、接头填充结构黏结胶

9.2.3　过渡接头层叠与搭接

过渡接头的结构形式可分为层叠式和搭接式,其连接形式如图 9 - 5 和图 9 - 6 所示。其中层叠式在船舶建造中应用较为普遍:一种方案为直接将过渡接头与钢质甲板连接,但必须保证其与钢质甲板下构件对中良好,确保力传递的连续性;另一种方案为钢质围壁与甲板连接,过渡接头在钢质围壁和铝合金围壁间起连接作用。铝质构件和钢质甲板连接可选择图 9 - 5 和图 9 - 6 中 A、B、C、D 4 种连接方式,同一甲板中若存在钢铝连接则可选取 B、D(去掉钢质甲板)两种连接方式。

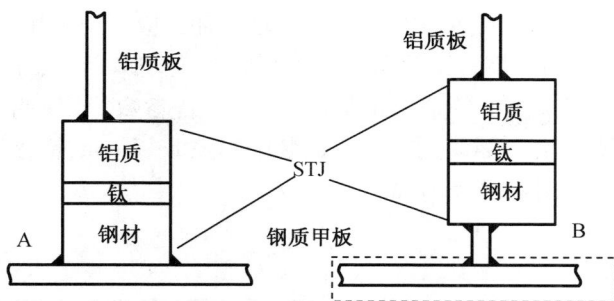

图 9 - 5 过渡接头层叠式连接形式

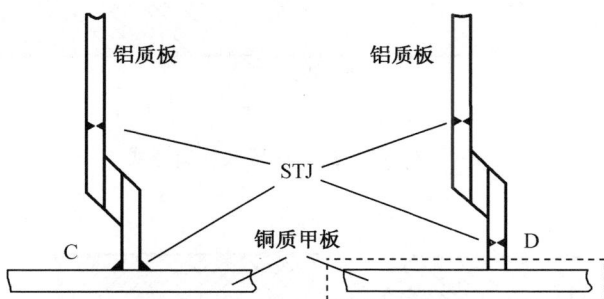

图 9 - 6 过渡接头搭接式连接形式

9.3 钢－铝复合过渡接头焊接工艺

9.3.1 焊接技术要求

为保证钢－铝异种金属的焊接质量,在进行钢－铝复合过渡接头的焊接施工时,应按照以下焊接技术要求进行。

(1)过渡接头焊接采用的焊接设备包括 CO_2 气体保护焊机、焊条电弧焊机、熔化极脉冲氩弧焊机和钨极氩弧焊机。

(2) CO_2 焊接(用于过渡接头与钢质构件的焊接)时,采用直径 1.2 mm 的 SQJ501 焊丝;焊条电弧焊(用于复合过渡接头钢侧的对接)时,采用直径 3.2 mm 的 J427 焊条;钨极氩弧焊(用于过渡接头铝基层的对接)时,采用直径 2.4 mm 的 ER5183 焊丝,氩气纯度≥99.99%;熔化极脉冲氩弧焊(用于过渡接头与相连构件的焊接)时,使用直径 1.2 mm 的 ER5183 焊丝,氩气纯度≥99.99%。

（3）焊前准备。过渡接头的切割下料及坡口加工应采用机械方法进行。过渡接头的对接有两种形式，即自由式接头和拘束式接头，坡口形式分别如图9－7和图9－8所示。焊前检查设备是否正常，应保证设备参数稳定、调节灵活、安全可靠、仪表准确、焊炬气流正常。对接接头的装配间隙1～2 mm，错边量不大于1 mm，角接接头的装配间隙不大于1.0 mm。

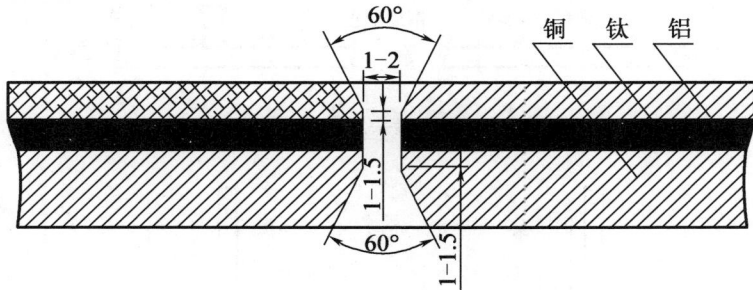

图9－7　自由式对接接头坡口形式

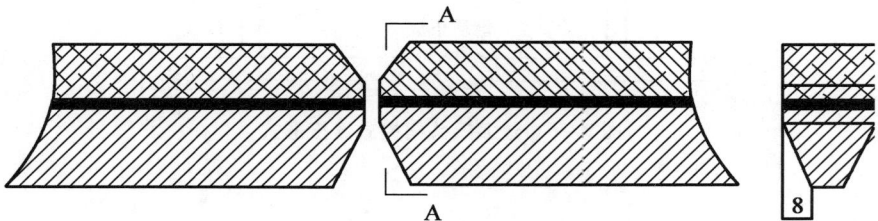

图9－8　拘束式对接接头坡口形式

焊接前用不锈钢丝刷对焊区两侧不小于20 mm范围内进行清理，去除表面的氧化膜及污物。清理好的工件坡口如不能及时焊接时，应采取贴免水胶带等防范措施。当环境温度低于5 ℃、相对湿度低于85%时，焊前应采用热风对焊区两侧不小于30 mm区域进行预热，预热温度为50 ℃±10 ℃。当采用多层焊时，每层焊道的厚度不得大于4 mm，以便于氢气泡的逸出。多层焊实施前，应将层间用不锈钢丝刷清理干净并确认无缺陷后方可焊接下一层，且各层焊接接头应相互错开，钢质部分层间温度不大于150 ℃，铝质部分层间温度不大于40 ℃。焊接中断、再次引弧前，接头处必须用白钢玉砂轮或不锈钢丝刷清理干净并确认无缺陷后方可焊接，以避免弧坑裂纹的产生。

（4）焊接人员要求。担任过渡接头焊接的人员必须经过船级社考试，具有铝合金和钢焊接资格证，并且焊接类型及位置应与资格证一致。焊工应熟悉和掌握焊接工艺要求,并严格按工艺规程施工。

（5）焊接工艺规范。过渡接头对接时,先焊接钢基层侧焊缝,采用的焊条电弧焊焊接规范如表9－4所示。

表9－4　焊条电弧焊焊接规范

焊条牌号	焊条直径/mm	焊接电流/A	焊接电压/V	焊接速度/(mm·min⁻¹)
J427	3.2	90～110	22～24	>150

采用钨极氩弧焊焊接铝合金侧的对接缝,其规范如表9－5所示。

表9－5　钨极氩弧焊焊接规范

焊丝牌号	焊丝直径/mm	钨极直径/mm	焊接电流/A	氩气流量/(L·min⁻¹)
ER5183	2.4	4.0	110～130	10～15

焊接钢基侧及铝复层侧时,严禁熔及钛中间层,中间层的缝隙待焊后充填黏结剂密封。采用 CO_2 气体保护焊焊接钢质构件与复合过渡接头的角焊缝,焊缝形式为双面焊,焊接规范如表9－6所示。

表9－6　CO_2 气体保护焊焊接规范

焊丝牌号	焊丝直径/mm	焊接电流/A	焊接电压/V	气体流量/(L·min⁻¹)
SQJ501	1.2	160～180	22～24	15～20

采用熔化极脉冲氩弧焊焊接过渡接头铝质部分与相连构件的焊缝,焊缝形式为双面焊,焊接规范如表9－7所示。焊接构件与过渡接头的角焊缝时应采用逐步退焊法或从中间向两边对称焊接。焊接时应严格控制连续焊接长度不大于300mm,以保证复合界面的层间温度不大于360 ℃。

表9－7　熔化极脉冲氩弧焊焊接规范

焊丝牌号	焊丝直径/mm	送丝速度/(m·min⁻¹)	平均电流/A	电弧电压/V
ER5183	1.2	10.92～11.43	190～210	20.5～21.5

（6）焊后检验。过渡接头对接后应平直,无扭曲及表面裂纹。过渡接头与各

构件角焊缝应无表面气孔、焊瘤及表面裂纹。焊后做煤油渗透试验,无渗漏为合格,如发现渗漏应采用钻孔或扣槽的方式扩充缝隙,然后填充环氧树脂。

9.3.2 焊接工艺

根据船厂的技术条件和施工要求,铝合金侧的焊接采用了线能量较小的半自动 MIG 焊接方法,钢侧的焊接采用半自动 CO_2 或 MAG 焊接方法,并选用相应的焊接设备,参照 CB/T 3953 要求进行焊接工艺试验,试板装配及测温位置如图 9－9 所示。钢－铝复合过渡接头焊接试板钻测温孔,孔径为 3～4 mm,在焊接过程中测量钢－铝界面的峰值温度。在工艺上,焊接后界面力学性能决定于焊接过程中界面温度是否超过给定的临界温度(钢－铝－铝类型结构过渡接头的临界温度是 300 ℃,铝－钛－钢类型则为 350 ℃),如果超过,复合区强度就会下降,除力学性能会降低外,Al 和 Fe 原子内扩散可能在复合区形成晶间脆化相,使复合区的耐腐蚀能力下降。

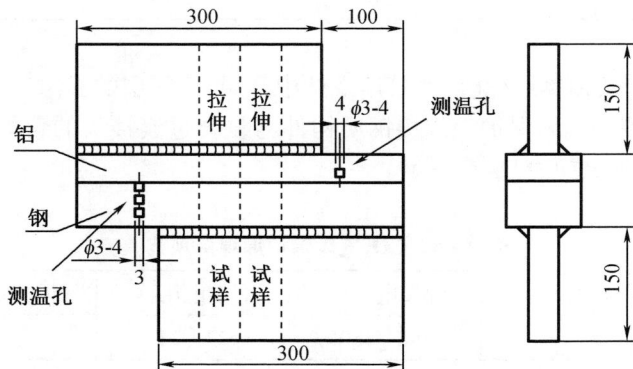

图 9－9　试板装配及测温位置示意图

焊接时,钢－铝界面上下各 3 mm 内的区域不能被熔化,可通过留钝边来达到这一要求。

1. 焊前清理

清除坡口及边缘 30 mm 范围内的油、锈等,铝合金清理后喷涂焊后防锈剂,装引弧板和熄弧板。

2. 焊接要点

(1)钢－铝界面上下各 3 mm 范围内不允许焊接(从钝边上加以控制)。

(2)钢－铝界面温度必须保持在 300 ℃以下。

(3)层间温度不得高于 200 ℃。

（4）不能对过渡接头进行预热。

（5）对过渡接头不允许用气体切割，只能用机械切割。

（6）过渡接头的侧面绝对不能被电弧损坏，在焊接钢层与主甲板时，尽量在主甲板上引弧，然后进行焊接。

（7）施焊时不进行横向摆动，以获得直线细焊道为佳。

3. 焊接顺序

（1）先焊铝侧焊缝，再焊钢侧焊缝。铝导热性好，先焊铝侧，可使整个过渡接头焊接时散热加快，降低临界温度。另外，后焊钢侧，可防止焊钢时弄脏已清洁的铝侧坡口。

（2）先焊内侧的角焊缝，再焊外侧的角焊缝。

（3）左右舷对称焊接，由两名焊工用相同参数对称施焊，焊接时采用分段退焊方式焊接。

4. 焊后处理

为了保证水密性，钢－铝过渡接头对接处焊后要先钻一直径 3～4 mm 的小孔，再用结构黏结胶填充。

总之，在使用钢－铝过渡接头连接钢质主船体和铝质上层建筑时，只要焊接工艺正确，在力学性能和耐腐蚀性能上都能达到满意的效果。

9.4 钢－铝复合过渡接头焊接实例分析

下面以某旅游客船为例，对钢－铝复合过渡接头焊接进行分析。船舶总长 45 m，船宽 12 m，型深 3 m，设计吃水 2 m，设计航速 27.8 km/h，乘客定额 250 人，船舶主甲板以下采用 CCSB 钢质材料，主甲板以上采用铝合金 5083、6082T6 材料，钢质和铝质材料通过铝－钛－钢过渡接头焊接，具体方式如图 9－10 所示。

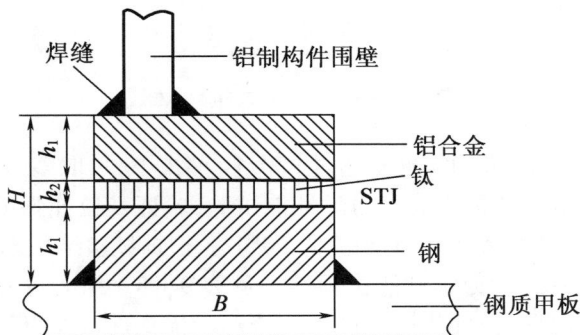

图 9－10 实船采取铝－钛－钢过渡接头连接形式

9.4.1　过渡接头规格选取

过渡接头结构形式选取层叠式,钛的力学性能比铝高,因此中间层采用钛,整个接头抗拉强度较高。根据现行法国、日本和中国对铝－钛－钢过渡接头的选取参数建议,及实船铝合金构件和钢质甲板的厚度,选定铝－钛－钢过渡接头的尺寸为:钢质层 12 mm;钛层 2 mm;铝合金层 10 mm;过渡接头高度 24 mm。过渡接头宽度按照日本相关标准推荐尺寸:$B = 4t$ 或 $B = t + 2L + 5$,其中 t 为构件铝板厚度,L 为铝层角焊缝焊脚尺寸,B 为过渡接头宽度。

同时考虑到实船建造中过渡接头处于高应力区域,应加大散热面和应力释放,实船过渡接头宽度 B 取 5 倍板厚($5t$),即 25 mm。

9.4.2　焊接工艺参数优化

钢－铝过渡接头的力学性能包括过渡接头爆炸成型后的力学性能和船舶建造施工后过渡接头的力学性能,施工中过渡接头的结构设计和焊接工艺将直接影响船舶营运中过渡接头的力学性能。因此,焊接前需对其焊接工艺参数进行评定和优化。在焊接工艺评定中,钢结构焊接采用熔化极气体保护焊,铝结构焊接采用熔化极氩弧焊(MIG),在过渡接头两侧分别焊上铝板、钢板,4 条焊缝为连续焊,并在焊接过程中测量铝－钛界面温度。试板及试样如图 9－11 所示。

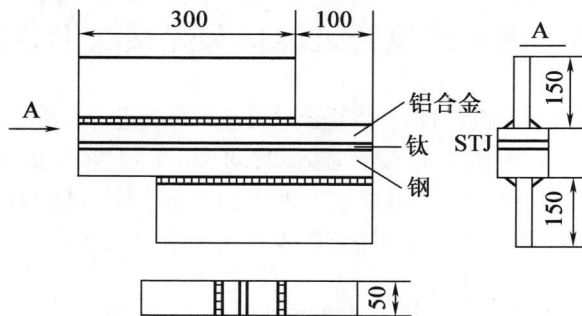

图 9－11　试板及试样示意图

在过渡接头铝－钛界面温度不超过 350 ℃ 前提下,采取多组不同焊接参数焊接试板,每组各选取多个试样进行力学性能试验,验证其拉伸强度、剪切强度和弯曲性能(包括正弯 180°、反弯 180°和侧弯 90°)。根据试验结果选取合适的焊接参数,所选焊接参数及焊后力学性能试验结果见表 9－8。由表可知,焊接接头拉伸强度和剪切强度远高于标准值。在进行焊接参数优化选取时,尽量选取拉伸试验断裂于母材而非焊缝试样的焊接参数,有利于获得与母材强度相当的焊缝,以便于保证接头的可靠性。

表 9 - 8　焊接参数及焊后力学性能试验结果

试验界面	焊丝牌号	焊丝直径 /mm	焊接电流 /A	电弧电压 /V	焊接速度 /cm	抗拉强度 /MPa	剪切强度 /MPa	弯曲
钢侧接头	SQJ501	1.0	140 ~ 160	22 ~ 24	35 ~ 40	160 ~ 190	270 ~ 310	合格
铝侧接头	EH5183	1.2	130 ~ 150	20 ~ 22	50 ~ 60	160 ~ 190	145 ~ 170	合格

9.4.3　装配和焊接

实船根据焊接工艺评定选取的焊接参数进行焊接,并由具有相应焊接资质的焊工施焊,整个焊接过程包括焊前清理、焊接过程控制和焊后处理。对整个船舶过渡接头的焊接质量进行分析,主要应控制好以下几个方面。

1. 下料和装配精度

过渡接头与钢和铝的装配间隙将直接影响焊后复合界面的质量,装配间隙过大会引起复合界面垂直方向拉应力变大,易导致复合界面出现分层缺陷。因此要严格控制构件下料切割精度,采用激光切割及其他有效方法,仔细切割余量;建立如薄板变形控制等技术方案,使过渡接头与上下装配间隙尽量减小并趋于零。

2. 焊前清理

焊前清理主要是去除焊接区域附近(待焊接区域两侧不小于 20 mm 范围内)的油污、氧化皮、铁锈和水分等杂质。建议铝材部分用丙酮,钢材区域用不锈钢刷处理,清理完成后要注意保护,并及时完成焊接。

3. 焊接要求

先焊过渡接头间的对接和角接,再分别焊接钢、铝角焊缝。焊接时首先是定位焊,根据实船检测发现:定位焊时,焊件温度往往较低,热量不集中,易产生未焊透缺陷,建议定位焊焊接电流比正式焊接电流大 10% 。

对于过渡接头与钢质甲板、铝合金构件的焊接,无论先焊接过渡接头哪一侧,均各有利弊。此船采用先焊钢层,充分冷却后,再焊接铝层,这样有利于释放钢质部分焊接时产生的残余应力,避免过渡接头复合层产生分层缺陷。随着焊接热能量的增加,过渡接头复合界面温度达到 300 ℃ 以上时,其力学性能随之降低,因此焊接时采取分段跳焊、从中间向两边对称焊接,并控制连续焊接长度,避免过渡接头复合界面处焊接温度超过 300 ℃。同时过渡接头钛层不焊接,应严格按照焊接工艺要求保留钝边(钛层及其上下 3 mm 区域内)完整性,避免影响过渡接头的接合性能。

4. 焊后处理

焊接完成后,采用机械方法修正过渡接头两侧焊缝余高,外观检测焊缝和过渡接头复合界面。待充分冷却后,在过渡接头接缝两侧(钝边区)钻孔,孔径 4～6 mm,填充船舶结构黏结胶。最后对过渡接头进行着色检查,确保无裂纹等缺陷。该船经检验符合要求。此客船投入营运后,并未发现过渡接头复合界面出现分层等缺陷,船舶状况良好。

9.5　钢－铝复合过渡接头在船舶中的应用

9.5.1　钢－铝复合过渡接头的安装工艺

钢－铝复合过渡接头由三层不同材质结构组成,基层和船用结构钢进行焊接,复合层和铝合金板进行焊接,中间层起过渡连接作用。过渡接头的基层面直接和钢质主船体甲板进行 CO_2 气体保护焊的横焊,过渡接头的复层铝合金面直接和铝合金上层建筑进行氩弧焊横焊。钢－铝复合过渡接头因其同时需和铝合金上层建筑及船用结构钢甲板进行焊接,所以焊接过程需同时满足铝合金氩弧焊和 CO_2 气体保护焊的焊接工艺要求。不同材料的焊接要采用不同的焊接设备及焊接参数,以保证焊接质量。焊接前需认真做好结构画线、装配定位、打磨除锈等准备工作,焊接过程中严格控制好焊接的电压、电流、焊接速度等工艺参数,以保证焊缝的质量。

9.5.2　钢－铝复合过渡接头现场安装质量控制

1. 钢－铝复合过渡接头现场安装基本作业流程

钢－铝复合过渡接头在铝合金上层建筑和钢质主船体间起到过渡连接的作用,解决了两种不同材质间的有效焊接问题。为了有效控制整船的制作周期,该船的铝合金上层建筑作为一个大分段在平台架上进行预制作及艇装工作,钢质主船体则在 2#船台生产线上进行同步的有序搭载总组。钢质主船体焊接完成后,施工课根据铝合金上层建筑的生产设计图,在主甲板上准确绘画出铝－铝复合过渡接头的定位线,打好标记,然后进行主甲板打磨除锈,将钢－铝复合过渡接头分中,在主甲板上进行点焊定位,铝合金上层建筑平底部后再吊装至主船体甲板过渡接头的上方进行定位、装配、焊接,完成整个过渡接头的安装工作。过渡接头安装基本作业流程如图 9－12 所示。

2. 主甲板上过渡接头的定位线精度控制

过渡接头的定位线现场画线作业主要是以该船的钢质主甲板结构图及铝合金

上层建筑结构图的尺寸为依据,再利用 TRIBON 建模软件调出上层建筑 2A1 分段结构的立体模型,进行剖面视图,在二维视图里标出肋位线、距中线,同时以肋位和中线为基础标出各船体结构壁板的距肋及距中尺寸,关键位置标出具体三维坐标,以此绘画成线作为过渡接头的定位线。现场画线时首先用拉线法画出过渡接头的横向定位线,以船体中心线为基准,在主甲板上用白色粉笔涂出船体中线主梁的反面结构中线,拉线法画出一条长直线,再测量出每一个肋位,做好相应的标记,作为船体中线。以此中心线为标准,舷舰方面的距离以肋位为基准测量其距肋的尺寸并绘制成线,距中方向则只需测量该上层建筑结构距中心线的距离就可以绘制成线。利用同一原理,在主甲板上画出上层建筑所有与过渡接头接触船体结构的定位线,不间断地打好唉头标记,并利用对角线长度再次校核所画直线的精度。

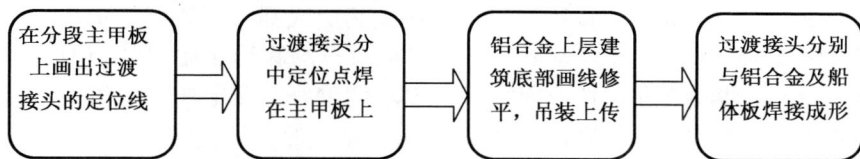

图9－12　过渡接头安装基本作业流程图

3.过渡接头在主甲板上的定位点焊质量控制

在主船体钢板面画出过渡接头的定位线后,在每一块过渡接头的两个面上分别画出两条中心线,不间断地打好小唉头标记,作为日后过渡接头的定位及铝合金上层建筑的定位基准线。过渡接头使用电动砂轮切割机切割成段,使用电动砂轮打磨机进行修磨平整。在主船体钢板面定位前,需同时对主甲板的钢板面及过渡接头的基层钢质面进行打磨除锈工作,除锈完毕后,快速地将过渡接头基面上的中心线对准主甲板钢板上已画好的定位线,进行两线的重合定位,只要保证两条中心线重合在一起即可准确完成过渡接头的定位工作。过渡接头定位工作完成后,及时地在过渡接头与主船体钢质甲板面上进行间断的点焊固定,防止过渡接头移动。过渡接头定位过程中重点保证每块过渡接头间的装配间隙,保证过渡接头基面与甲板面的间隙控制在 5 mm 内,所有切割后的毛刺部位均要重点进行修磨光顺,以保证日后的焊接质量。

4.铝合金上层建筑底部的修平吊装精度控制

铝合金上层建筑在平台架上按分段结构图制作总组时,关键是要控制好每层的层高精度及做好防止铝合金房间壁板变形的措施。由于铝合金材料相比普通船用钢板的韧性较好,受力后更容易产生变形,因此在距甲板壁板上约200 mm 的位置均贴装临时加强用铝质槽钢,采用间断焊临时进行固定,以便日后铝合金船体壁板焊接成形后方便拆除。铝合金上层建筑总段在吊装上主船体钢质甲板面前,重点测量上层 2A1 分段甲板到房间底部位置的层高,高度误差控制在 3 mm 内。施工现场利用拉尺直接分间距地测量理论层高,在壁板上打好唆头标记,然后多点绘制成直线,再利用电动金属切割机对铝合金壁板进行切割修平,修割完后再进行打磨、除掉毛刺作业。铝合金上层建筑总段因质量较大,因此整体吊装前还必须完成整体横向及纵向的结构临时加强,以防止上层建筑在吊装中发生变形。铝合金上层建筑总段吊装上主船体钢质甲板时,正对过渡接头的中心线,根据上层建筑分段的具体三维坐标进行准确的定位,再与过渡接头复层铝合金面点焊固定。

5. 过渡接头与铝合金及船体钢板的焊接质量控制

铝合金上层建筑吊装上船准确定位后,施工现场需重点控制好过渡接头基层和复层两个不同材质面的焊接质量。过渡接头基层底部与钢质主甲板焊接前,重点对焊接部位的钢质表面用风动砂轮打磨机进行打磨除锈作业,利用 CO_2 半自动焊进行该位置的焊接作业。作业前按工艺要求调整好焊接电压及电流,在过渡接头基层两边安排两位电焊工进行对称焊,两边焊接成形,焊接过程中控制好焊接的速度,以保证焊接质量。过渡接头复层上部与铝合金壁板在焊接前使用电动砂轮机进行两边的打磨,除去铝合金表面的氧化膜,直至铝合金表面打磨得反光。铝合金表面接触空气后非常容易快速地形成氧化膜,因此每次打磨的铝合金面的长度不能过长,通常控制在 2 m 长度范围内,打磨完成后立即调节好氢弧焊的电压及电流,安排两位电焊工进行对称焊,两边焊接成形,同时控制好焊接的速度,以保持焊接的质量。图 9－13 为过渡接头定位焊接现场效果图。

图 9－13 过渡接头定位焊接现场效果图

钢－铝复合过渡接头通过在船上进行画线定位,焊接成形,很好地解决了铝合金上层建筑和钢质主船体两种不同材料间的焊接问题,为后续再建类似的钢－铝混合船舶提供了参考经验。

参 考 文 献

[1] 许芝芳,于长亮. 铝－钢过渡接头在船舶结构焊接中的应用[J]. 中国水运 (下半月), 2008,8(6):156－157.

[2] 李标峰. 船用铝合金焊接及其船体建造工艺[M]. 北京:国防工业出版 社, 2005.

[3] 王承权, 代海波, 廖银波. 钢－铝合金结构过渡接头焊接工艺参数的计算确 定[J]. 船海工程, 2004, 8(5):19－21.

[4] LI K H, CHEN J S, ZHANG Y M. Double-electrode GMAW process and control [J]. Welding Journal, 2007,86(8):231－237.

[5] 毛秋水. 舰船用铝－铝－钢复合材料焊接性能研究[D]. 镇江: 江苏科技大 学, 2010.

[6] CARL L R. Brass weld made by detonation impulse [J]. Metal Progress, 1944, 46(1): 102－103.

[7] PHILIPCHUK V. Explosive welding and forming open another door for industry [J]. Weld Engineering, 1959, 44(4): 61－62.

[8] 李晓杰,闫鸿浩,王金相,等. 爆炸焊接技术回顾与展望[J]. 襄樊职业技术 学院学报, 2003, 2(2): 17－21.

[9] GODUNOV S K, DERIBAS A A, ZABRODIN A V, et al. Hydrodynamic effects in colliding solids [J]. Journal of Computational Physics, 1970,5(3): 517－539.

[10] REID S R, SHERIF N H S. Prediction of the wave length of interface waves in symmetric explosive welding [J]. ARCHIVE Journal of Mechanical Engineering Science, 1976(18): 87－94.

[11] 熊自立, 张新华, 刘永. 金属爆炸焊接的原理和技术应用[J]. 中南工学院 学报, 1999, 13(1): 59－63.

[12] 郑哲敏, 杨振声. 爆炸加工[M]. 北京:国防工业出版社, 1981.

[13] CROSSLAND B. Explosive welding of metals and its application[M]. Oxford: Clarendon Press,1982.

[14] ABE A. Numerical simulation of the plastic flow field near the bonding surface of explosive welding [J]. Journal of Materials Processing Technology, 1999 (85): 162－165.

[15]　MIRAN K. A method for residual stress measurement in welded seams[J]. Journal of Materials Processing Technology，1995(52)：503－514.

[16]　黄维学,赵路遇. 钢/铝爆炸焊接过渡接头的制造和应用[J]. 材料开发与应用，2000，15（4）：35－39.

[17]　LISON R，STELZER J F. Diffusion welding of reactive and refractory metals to stainless steel[J]. Welding Research Supplement，1979(59)，10.

[18]　JARAMLLOV D，INAL O T，SZECKET A. Effect of base plate thickness on wave size and wave morphology in explosively welded couples[J]. Journal of Materials Science，1987(22)：3143－3147.

[19]　李标峰. 铝合金高速船舶体建造工艺[J]. 材料开发与应用，1998，13(3)：24.

[20]　陈国虞. 船用钢－铝过渡接头界面优化设计[J]. 上海造船，2002(2)：60－62.

[21]　王绪明. 钢－铝结构过渡接头的性能特点及焊接工艺[J]. 船海工程，2008，37(3)：20－22.

[22]　束德林. 金属力学性能[M]. 北京：机械工业出版社，1995.

[23]　SONG J L，LIN S B，YANG C L，et al. Spreading behavior and microstructure characteristics of dissimilar metals tig welding-brazing of aluminum alloy to stainless steel[J]. Materials Science & Engineering，2009(59)：31－40.

[24]　BOTROS K K. Character is of the wavy interface and the mechanism of its formation in high-velocity impact welding[J]. J. Appl. Phys.，1980，51(7)：3715－3721.

[25]　苗玉刚，吴斌涛，韩端峰，等. 旁路分流 MIG 电弧熔钎焊接镁/钢异种金属接头特性[J]. 焊接学报，2014，35(1)：25－28.

[26]　石玗，王钊，黄健康，等. 铝－镀锌钢板脉冲旁路耦合电弧 MIG 熔钎焊工艺及接头组织分析[J]. 焊接学报，2013，34(5)：1－4.

[27]　LI K H，CHEN J S，ZHANG Y M. Double-electrode gmaw process and control[J]. Welding Journal，2007，86(8)：231－237.

[28]　石玗，薛诚，钟浩，等. 单旁路耦合电弧 GMAW 高速焊接工艺[J]. 上海交通大学学报，2010，44 (S1)：50－53.

[29]　武传松，张明贤，李克海，等. DE-GMAW 高速电弧焊工艺机理的研究[J]. 金属学报，2007，43(6)：663－667.

[30]　卢立晖. 钢－铝异种金属脉冲旁路耦合电弧 MIG 熔钎焊方法及机理研究[D]. 兰州：兰州理工大学，2012.

［31］ 吴斌涛，苗玉刚，韩端锋，等. 单电源交流双钨极氩弧焊接铝合金工艺机理分析［J］. 焊接学报，2015，36(2)：55 - 58.

［32］ 于治水，周方明，王宇，等. 镀锌薄钢板 TIG/MIG 电弧钎焊研究及应用现状［J］. 汽车技术，2002，15(6)：32 - 35.

［33］ 周世权，熊惟皓，付元植. 工艺参数对液态铝与钢界面层及其性能的影响［J］. 特种铸造及有色合金，2000，13(2)：16 - 17.

［34］ 杨春利，林三宝. 电弧焊基础［M］. 哈尔滨：哈尔滨工业大学出版社，2003.

［35］ 温俊霞. 旁路耦合电弧焊焊接参数对母材热输入及焊缝的影响［D］. 兰州：兰州理工大学，2011.

［36］ 任怀亮. 金相实验技术［M］. 北京：冶金工业出版社，2004.

［37］ MIAO Y G, WU B T. Characteristics of joint and interface layer during bypass current MIG welding brazing of aluminum and steel dissimilar metals［J］. Transactions of the China Welding Institution，2014(9)：6 - 10.

［38］ ZHANG H T, FENG J C, HE P. Interfacial microstructure and mechanical properties of aluminium-zinc-coated steel joints made by a modified metal inert gas welding brazing process［J］. Materials Characterization，2007，58(7)：588 - 592.

［39］ WLOKA J, LAUKANT H, GLATZEL U, et al. Corrosion properties of laser beam joints of aluminium with zinc-coated steel［J］. Corrosion Science，2007，49(11)：4243 - 4258.

［40］ 刘扣森，高性能钢 - 铝爆炸复合过渡接头研制及应用研究［D］. 镇江：江苏科技大学，2011.

［41］ 郭为民，李文军，侯发臣. 爆炸复合材料钢/铝/铝在不同海域的腐蚀［J］. 海洋科学，2005，29(11)：52 - 57.